虚拟社区成员持续知识共享行为研究

赵文军 · 著

Continuous Knowledge Sharing Behavior Among Virtual Community Members

中国经济出版社
CHINA ECONOMIC PUBLISHING HOUSE
· 北 京 ·

图书在版编目（CIP）数据

虚拟社区成员持续知识共享行为研究／赵文军著.

--北京：中国经济出版社，2019.8

ISBN 978-7-5136-5892-8

Ⅰ.①虚… Ⅱ.①赵… Ⅲ.①互联网络—应用—社区管理—知识管理—研究 Ⅳ.①C916-39

中国版本图书馆CIP数据核字（2019）第189364号

责任编辑　耿　园　余静宜

责任印制　巢新强

封面设计　任燕飞工作室

出版发行　中国经济出版社

印 刷 者　北京九州迅驰传媒文化有限公司

经 销 者　各地新华书店

开　　本　710mm×1000mm　1/16

印　　张　13.25

字　　数　193千字

版　　次　2019年8月第1版

印　　次　2019年8月第1次

定　　价　58.00元

广告经营许可证　京西工商广字第8179号

中国经济出版社 **网址** www.economyph.com **社址** 北京市西城区百万庄北街3号 **邮编** 100037

— 目　录 —

第一章 绪 论

第一节 研究背景

一、虚拟社区：沟通与交流的新平台

回顾人类文明五千年发展之历程，大致经历了农业革命、工业革命和信息革命的阶段。每一次产业革命都给人类的生产方式和生活方式带来了十分深远的影响。农业革命使人类摆脱了游牧生活，为一系列社会变革创造了物质基础；工业革命完成了从手工劳动向动力机器生产转变的重大飞跃，使人类的生产力空前提高，创造了前所未有的财富；而方兴未艾的信息革命，则实现了资本主义生产方式的信息化，使知识超越土地和资本成为最重要的生产要素，极大地提高了劳动生产率和人类生产物质财富的能力。

信息革命大约始于20世纪四五十年代，其主要标志是计算机技术、空间技术、通信技术等技术的诞生。微处理器的发明、软件技术的发展、个人计算机的普及，特别是互联网技术的发展，推动了信息革命进入互联网草根革命阶段，越来越多的人开始接触互联网并离不开互联网。据中国互联网信息中心（CNNIC）统计，截至2011年6月底，我国网民总数达到4.85亿人，互

联网普及率达到 36.2%，相比 2010 年，新增网民 2800 万人。图 1.1 反映了 2007—2011 年 5 年间，我国网民规模、互联网普及率以及半年增长率的变化趋势。可以看出，我国网民规模和互联网普及率逐年提高。但由于我国人口基数过大，互联网还未进入高度普及阶段，与国外发达国家相比，还存在不小差距，中国的互联网产业还具有巨大的发展潜力和空间。

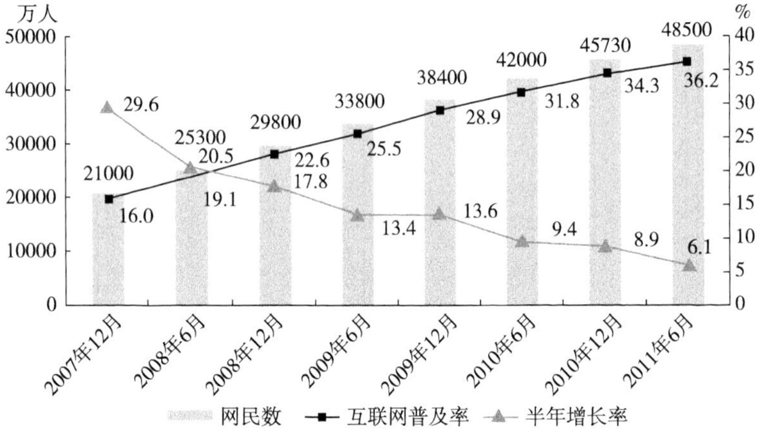

图1.1　中国网民规模与普及率

随着互联网的发展与普及，互联网技术渗透到了社会的每一个角落，改变了人类的生活习惯。基于互联网的高度互动性、匿名性、便利性和个性化的特征，越来越多的人应用互联网络平台发表见解、分享信息或获取资源。特别是 Web 2.0 技术的快速发展与应用，极大地扩展了人们创建、组织以及分发信息的能力，它不仅改变了传统互联网单一的信息消费模式，使网民从被动的信息接收者转化为信息生产者，还能针对网民的阅读习惯、兴趣等提供个性化的信息服务，满足网民的个性化追求。Web 2.0 技术的盛行，体现了互联网开放、共享、自由的精神，它所追求的是将互联网改造成真正“以普通人为中心”的互联网，每个网民都可以在自由、平等、开放的环境中贡献自己的内容。作为 Web 2.0 技术的典型应用，虚拟社区受到了广大网民的欢迎和追捧，并在近十年取得了飞速发展，深刻影响着人类的生活方式和沟通行为。

虚拟社区是相对现实社区而言的。在现实社会中，社区是人们生活的基本区域。人们在社区中生活、交往、休闲，从出生到成长直至终老，始终生活在社区的范围内。为满足社区成员的需要，每个社区都有一定的制度、机构和设施，用以规范社区成员的行为并为整个社区服务。同时，通过互动，人们在社区中形成了各种关系，并逐渐产生一些共同的行为规范、价值观念以及生活方式，生活于其中的成员均须遵循这些制度与规范。随着互联网技术的发展和计算机的普及，人们不仅可以在现实社区中休闲、交往，还能在网上虚拟空间中发表言论、娱乐休闲，甚至结交天涯海角的朋友，体验数字化的生存。当然，这个虚拟空间并非是完全的“自由乐土”，其中亦有着无形但不容忽视的制度与规范。在这些基本特征的基础上，传统社区的形式在网络中得到了对应，虚拟社区随之产生了。

经过近十年的发展，互联网正逐步跨入社区时代，从论坛（BBS）、校友录、博客（Blog）、个人空间、SNS、微博等新旧社区应用，到社区搜索、社区聚合、社区营销、社区创业、社区投资等社区经营话题，都是业界关注的热点。艾瑞咨询的调研数据显示，2009 年中国中小网络社区中，39% 成立于 2009 年，30% 成立于 2008 年，12.6% 成立于 2007 年，近三年成立的网站累计占网站总数的 81.6%；13.8% 的网络社区用户日均花费在网络社区上的时间超过了 8 小时，该类人群将一天中 1/3 的时间用于浏览使用网络社区，对网络社区表现出极强的依赖性；累计近六成的用户日均花费时间在 4 小时以上；92.3% 的用户经常访问的网络社区数量在 2 个以上，其中 27.2% 的用户经常访问 2 个社区，29.1% 的用户经常访问 3 个社区，经常访问 4 个以上社区的用户达到 36%。由此可见，论坛（BBS）、讨论组、论坛社区、SNS 等网络社区的应用获得了中国网民的高度关注和依赖，成为其日常必备的互联网基础应用。

虚拟社区作为广大网民分享信息与知识的有效载体和平台，为人们提供了一种新的交流方式和沟通模式，甚至是一种全新的生活方式。正如虚拟社区研究的先驱 Rheingold（1993）所言，虚拟社区是“一群通过电脑网络相互沟通的人们，彼此之间有某种程度的认识、分享某种程度的知识与信息、相当程度如同对待友人般彼此关怀，所形成的群体”。在互联网平台所购建的空间中，大量群体在进行着信息或者知识的沟通与交流。由于虚拟社区拥有广泛的社会性以及稳定的用户群，其成员可以在没有组织层级和规则的约束下，自由与其他成员进行交流，获取或分享信息和知识。基于虚拟社区的沟通模式被认为是推动知识共享的有效方法之一。

二、知识要素：核心竞争力的体现

20 世纪中期以来，以计算机技术、通信技术和互联网技术为代表的信息革命使知识和科学技术在人类的生活中占据越来越重要的地位，出现了知识代替资本成为第一生产要素的趋势。美国著名管理学家彼得·德鲁克在其著作《后资本主义社会》中指出，我们正在进入知识社会，在知识社会，“智力资本”已成为企业最重要的资源，有知识的人成为社会的主流，知识的生产率将日益成为一个国家、一个行业、一家公司竞争的决定因素。随后在 1996 年，经济合作与发展组织（OECD）在《以知识为基础的经济》报告中首次提出“知识经济”的概念，认为知识经济是建立在知识和信息的生产、分配和使用之上的经济，知识将替代自然资源、金融资本成为最重要、最具主导性的经济资源。其后，美国政府、世界银行先后接受了“知识经济”这一概念，并用这一概念描述知识和信息起主导作用的“新经济”，宣告世界经济正在步入知识经济时代。

在知识经济时代，知识作为第一生产要素的作用凸显，它将超越土地、资本等传统生产要素的影响力，对经济和社会发展产生深远的影响。而对企业而言，知识资源已成为最主要的经济资源和占支配地位的竞争优势之源泉，其战略性地位已为大多数企业所认可。如何应对竞争日趋激烈的外部环境，充分挖掘和发挥知识资源的潜在价值，保持企业的竞争优势和核心竞争力就成为实务界关注的焦点。在这样的态势下，知识管理应运而生，许多企业开始了知识管理的实践与应用。全球著名咨询公司KPMG在2000年其知识管理的调查报告中，对欧美地区423家大型企业的知识管理建设进行了调查，结果显示，81%的企业已导入知识管理，只有19%的企业暂无计划或不予考虑。毕马威咨询公司对欧美企业的知识管理实践调查显示，至2002/2003年，不仅越来越多的企业实施了知识管理，高层的参与强度与幅度也大幅提高，51%的企业高层参与知识管理的程度持续增加，80%的企业将知识作为战略资源加以管理。世界知名企业包括微软、IBM、西门子、麦肯锡、三星、松下，国内企业包括联想、金山软件、清华同方等都相继实施了知识管理并取得了成效。这表明知识管理的战略地位已得到国内外企业的一致认可，并成为许多企业发展的必然趋势。

尽管知识管理作为一种新的管理模式在实践领域取得了较快的发展，但取得成功的案例并不多见，其中最为普遍的问题恐怕是知识共享带来的挑战。知识共享是组织实施知识管理面对的核心问题（Quinn、Anderson和Finkelstein，1996），在知识管理的诸多流程中，知识共享是知识搜索、知识转移、知识吸收以及知识创新的前提与基础。Hendrisks（1999）认为，只有通过知识共享，才能实现个体层面的知识向组织层面的知识的转化，实现知识的经济和竞争价值；Nonaka和Takeuchi（1995）在对日本企业成功案例进行调查后认为，日本企业的成功源于组织中的知识共享和持续不断的知识创造；但实际情况是知识共享并不必然发生，因为并不是每个成员都乐意将个人知识与其他成员分享（Argote，2003）。许多学者分析了知识共享障碍包含的因素。Szulanski（1996）认为，知识共享的障碍包括知识转移的特征（因果模糊）、知识发送者的特征（缺乏动机、不能被感知可信赖）、知识接收者的特征（缺乏动机、缺乏学习能力）、情境因素（保守的文化、艰难关系、恶劣的组织环境）；王学东（2011）分析了虚拟团队知识共享的障碍，包括知识特性障碍（知识的专有性、嵌入性、默会性等）、组织障碍（沟通障碍、情境障碍、信任障碍）、主体障碍（动因不足、囚徒困境）。如何克服知识共享的障碍，探索知识共享行为产生的内在机理，以帮助组织或个人获取所需要的知识，弥补其知识缺口，也就成了国内外知识管理学者们关注的焦点。

三、知识共享的新方式——虚拟社区

虚拟社区与知识共享有着天然密切的联系。一方面，虚拟社区是互联网技术发展的产物，主要是由具有相同兴趣或者共同目标的人群组成，其成员可以在社区构建的网络空间里，跨越时间和空间的障碍，自由地与其他成员进行沟通和交流，获取各自所需的信息或者知识。由于这种交流方式具有匿名性、虚拟性、开放性、交互性等特点，并可以在更大的范围甚至全球范围内整合分散的知识群体，共享和扩散知识，因此，在过去十多年中，虚拟社区被认为是知识共享的有效方式，在推动知识管理方面发挥着重要的作用。另一方面，社区内的知识共享活动是社区发展的原动力，决定着社区的价值水平和长远发展。Koh 和 Kim（2004）认为，虚拟社区的知识共享水平不仅可以激发更多的社区成员参与社区知识共享活动，提高社区的知识共享活动质量，还可以让社区产生聚集效应，增加社区的用户数量。向海华（2004）则认为，虚拟社区知识共享活动水平关系着社区参与度和社区的发展。Alexander 等（2003）指出，虚拟社区成功的关键，取决于社区成员在知识产生和共享中的动机和积极性。徐小龙、王方华（2007）则指出，构建虚拟社区的知识共享机制，使虚拟社区真正成为知识共享平台，对提升虚拟社区的商业价值和社会价值、促进电子商务发展等具有重要意义。

综上所述，在知识经济时代，知识资源作为极具价值的资源，其重要性不言而喻，特别是面对竞争日趋激烈和不确定性日益增加的外部环境，其战略性地位日益凸显。无论是个人还是组织，或为提升自我价值，或为保持竞争优势，都有获取知识资源的潜在需求，而以 Web 2.0 为标志的互联网技术的发展与应用，特别是作为典型应用之一的虚拟社区的普及与成熟，为企业和个人提供了一种新型的交流空间和平台，正好迎合了大众对知识交流与共享的需求。虽然虚拟社区为组织或个人知识共享提供了有效的平台，但这并不意味着知识共享就一定会发生，也并不能增加个体知识共享的意愿。因为虚拟社区本身并不是一个知识库，它仅仅是一个被搭建起来的中介平台，其知识的储存与交换归根结底依赖社区成员的知识贡献。但问题在于，已有研究表明，共享自己的知识将导致知识拥有者失去自己独特的自身价值，还必须付出一定的精力、时间等作为代价。那么在虚拟社区中，许多成员无私地贡献自己的知识来帮助他人就显得有点不合逻辑了。基于该逻辑悖论，本书选取“虚拟社区知识共享”这一研究主题，在国内外相关研究的基础上，进一步探索虚拟社区知识共享行为的内在机理，以期为虚拟社区知识管理水平的提高提供一定的理论指导。

第二节 研究现状与问题

一、研究现状

鉴于虚拟社区知识共享的重要意义，这一研究主题近几年来一直是国内外研究关注的热点问题。为了进一步了解虚拟社区知识共享的相关研究状况，本书对国内外文献数据库进行了梳理。国外数据库以 Eleveiser 数据库和 EBSCO 数据库为主，国内数据库以中国知网（CNKI）数据库为代表。通过对重点文献的分析，发现已有研究从多种视角对虚拟社区知识共享的动因及其影响机理进行了阐释，主要包括心理学视角、社会学视角和多重视角。

（一）心理学视角的阐释

心理学视角的相关研究主要关注社区成员内在心理状态和动机因素对虚拟社区知识共享的影响，理论基础包括计划行为理论、理性行为理论、社会认知理论、社会交换理论、组织公民行为理论、成就激励理论等。如王飞绒

（2008）基于计划行为理论，从行为态度、感知规范以及行为控制三个构面预测虚拟社区成员的知识共享行为，其中行为态度包括内在激励因素、外在激励因素和已知比较水准，感知规范包括利他主义、领导方式和技术支持，行为控制包括学历、时间因素和团队效能。经验结果显示，行为态度、感知规范、行为控制对虚拟社区知识共享具有显著影响。Tsaisun 等（2006）分析了游戏社区的分享行为，从利他主义、一般互惠和社会声誉三个方面考察其对分享行为的影响，结果发现社会声誉是一个较强的动机。Fuller（2006）研究了新产品开放社区的贡献行为，认为其动机因素有金钱奖励、显示创意、获取知识、内在兴趣、对产品不满和好奇。研究结果显示，好奇和内在兴趣是新产品开发社区贡献行为的最主要动力。Yang 和 Lai（2010）的研究发现，维基百科社区的知识分享动机包括内在动机、外在动机、基于自我概念的内在和外在动机，其中基于自我概念的内在动机是知识分享的关键动机。徐小龙（2007）基于社会交换理论，认为虚拟社区知识共享活动主要受四个方面因素的影响：信任、信息技术、知识主体和社区文化。Hsu 等（2007）以社会认知理论为基础，构建了虚拟社区知识共享行为的影响因素，结果显示，自我效能对虚拟社区知识共享行为具有直接或间接影响。这些研究不仅解释了虚拟社区知识共享产生的内在机理，而且证明了心理学理论在该领域的基础性地位。

（二）社会学视角的阐释

社会学视角的相关研究将虚拟社区知识分享看作社会化过程，判定社会环境中的影响因素及其作用机理，理论基础主要有社会资本理论与社会影响理论。Nahapiet 和 Ghoshal（1998）较早地探讨了社会资本对知识共享的影响。作者将社会资本分为三个维度：结构维度、关系维度和认知维度，其中结构维度包括网络关联、网络架构和专用组织，关系维度则被认为是“关系、信任、规则、认同”等，认知维度包括共有的价值观、共享的语言等。在知识分享过程中，结构维度和认知维度决定了知识分享的机会和成本，关系维度则影响了知识共享动机的产生。基于 Nahapiet 和 Ghoshal（1998）的研究，Wasko 和 Faraj（2005）、Sun 和 Ju（2009）、Chang 和 Chuang（2011）等引入社会资本理论，分析了社会资本各维度对虚拟社区知识共享的影响。

社会影响理论强调将虚拟社区作为一个团队，分析其对成员知识共享行为的影响。Kelman 认为，社会影响包括顺从、认同及内化三个过程，顺从是个人接受影响从而获取他人或者群体的支持或者授权，认同表示个人接受影响从而建立和维持与其他人或者团队的满意的关系，内化表示个人因为自己的目标或价值观与其他成员类似从而接受影响。周涛、鲁耀斌（2009）从社会影响理论的角度，考察了其对虚拟社区用户知识共享行为的影响。作者沿用了 Kelman 对社会影响的分析框架，认为顺从通过主观规范来体现，主要指个人接受影响从而获取他人或者群体的授权，认同通过社会认可来体现，表明个人对团体的认同，内化通过团体规范来体现，指接受共同的自我导引来达到共同的理想目标。研究结果显示，社会认可、团体规范对社区成员的共享动机具有显著作用。

（三）多重视角的阐释

虚拟社区中的成员知识共享是一项复杂行为，单纯地依赖某种理论视角去阐释其内在行为机理恐怕具有片面性，因此许多学者偏向基于多重理论视角研究虚拟社区知识共享行为，并产生了一系列重要理论成果。Hsu 和 Wang（2006）整合了社会资本理论与社会认知理论，分析了虚拟社区知识共享的影响因素。其中，社会资本包括结构维度、关系维度以及认知维度三个维度，结构维度主要采用社会互动联系进行测量，关系维度采用信任、互惠规范以及身份认同进行测量，对认知维度的测量主要采用共同的语言和共同的愿景，社会认知理论则采用个人结果期望和社区结果期望进行测量，并实证检验了上述因素对虚拟社区知识共享的影响。Sun 和 Ju（2009）分析了个人动机、社会资本以及习惯域对虚拟社区知识共享行为的影响，个人动机包括声誉和乐于助人，社会资本采用互惠、中心性和自我专家鉴定、参与度进行测量，并实证了这些因素的作用机理。Wasko 等（2005）基于动机理论、社会资本理论和社会交换理论，分析电子实践社区中个人动机和社会资本与知识贡献之间的关系。Chang 和 Chuang（2011）同样从个人动机和社会资本两个构面分析了虚拟社区知识共享的影响因素。个人动机主要从声誉和利他行为两个维度进行测量；社会资本包括结构维度、关系维度以及认知维度，其中结构维度从社会互动进行测量，关系维度从信任、身份以及互惠进行测量，认知维度从共享愿景进行测量。

二、研究问题的提出

Ren 等（2007）分析指出，虚拟社区所有的商业成功依赖于成员对该社区的承诺感和贡献行为，任何商业模式经济价值的创造在于参与者给社区带来内容和知识。虚拟社区作为互联网诞生后发展出来的新型沟通媒介、网络空间聚集地点以及自我组织实体，社区成员的聚集效应及参与行为是提高社区商业价值的关键因素。从上述分析可以看出，已有研究从心理学、社会学及多重视角分析了虚拟社区知识共享“参与”行为的影响因素及其作用机理，取得了较为丰富的成果。

但仔细梳理发现，一方面，在研究对象方面，已有研究对社区成员知识共享“参与”行为的划分都是静态的，没有从时间维度来区分初始参与到后来参与的心理变化，即少有研究关注到社区成员知识共享的持续参与行为；另一方面，现有研究在分析社区成员知识共享内在动机方面，参考因素众多，包括声誉、利他、获取奖励、地位等，没有从原理层次上揭示问题的本质。基于以上分析，本书拟在现有研究的基础上去思考和探讨以下问题：

① 将期望确认理论移植进来，引入该理论模型中的两个关键变量——确认和满意度，用以测量社区成员知识共享行为过程的心理变化，并实证分析该变量与知识共享持续意愿及行为之间的关系；

② 从感知价值角度揭示社区成员知识共享持续行为的内在本质，采用定

性研究方法分析社区成员感知价值的构成维度，并探讨感知价值与知识共享持续意愿及其他变量之间的关系；

③ 基于计划行为理论，整合感知价值理论、期望确认理论、社会资本理论以及社会认知理论，系统地探索虚拟社区知识共享可持续行为的内在机理，分析虚拟社区成员知识共享可持续意愿的影响因素及相互间的作用关系；

④ 考察社区成员的个体特征，包括年龄、性别、教育程度、注册时间、社区身份、访问频率对知识共享持续意愿的影响是否存在显著性差异。

第三节　研究目的与意义

一、研究目的

本书的基本目的是深刻揭示虚拟社区知识共享可持续行为的内在机理，为国内虚拟社区知识共享管理实践提供理论与实证依据。具体而言：

（一）理论目的

① 研究虚拟社区成员知识共享持续行为的感知价值维度，分析其感知价值的具体维度及构成要素，实证探索感知价值维度与社区成员持续知识共享意愿之间的关系；

② 探讨确认和满意度变量与社区成员感知价值之间的关系，并分析其对社区成员的持续知识共享意愿的影响；

③ 探讨社区成员的各社会资本变量（结构资本、关系资本和认知资本）对持续知识共享意愿的影响；

④ 探讨社会认知变量（知识自我效能）对持续知识共享意愿的影响；

⑤ 探讨社区成员的个人特征对持续知识共享意愿的影响。

（二）实践目的

掌握虚拟社区成员持续知识共享行为的内在规律，从原理层次上揭示社区成员持续知识共享行为的作用机理，为我国社区经营者提高社区管理水平、提升社区价值提供必要的理论与实践支持。

二、研究意义

从研究现状的描述中可以发现，有关虚拟社区知识共享行为影响因素的理论研究与实证研究较多，并取得了丰富的研究成果，然而，对虚拟社区知识共享持续行为的研究比较匮乏。换一种角度说，现有研究没有从时间维度识别成员从初始知识共享行为到后来持续参与的心理过程变化。从社区持续经营的角度来说，对社区生存起关键作用的是持续共享行为。此外，感知价值在预测个人行为意愿方面具有良好的解释效力，现有的相关研究集中在消费者重复购买行为、客户忠诚等领域。本书借鉴感知价值理论，研究虚拟社区中的持续知识共享行为问题，不仅提供了一个全新的研究视角探究虚拟社区持续知识共享行为的微观机理，还能够从更高层次上深化和扩展当前的知识共享行为研究。因此，无论是本书选取的研究对象，还是选取的研究角度，都具有重要的科学价值。

在社区经营实践上，本书有助于经营者把握社区成员知识共享的内在心理动机，弄清持续知识共享行为的关键影响因素，为提出有针对性的激励措施和管理建议提供理论依据和实践指导。

第四节　研究方法与流程

一、研究方法

整体研究过程按照规范研究与经验研究相结合、定性分析与定量分析相结合的方式，并遵循“文献阅读—提出模型与命题—调研收集数据—实证分析—形成研究结论”的基本研究思路。

（一）文献回顾法

对国内外的相关研究文献进行全方位的收集，主要包括虚拟社区知识共享影响因素、信息系统使用行为、感知价值理论、社会认知理论、社会资本理论等。笔者对密切相关的理论文献进行了广泛的阅读，归纳、总结了相关的研究范畴、研究方法、已有研究成果和最新进展。通过文献的搜集与分析，实现以下目标：一方面，发现已有研究的局限，找到切入点，构建本书的概念模型；另一方面，为本书的相关假设提供支持。

（二）定性访谈法

本书的访谈集中在两个方面：其一是通过小规模访谈，对虚拟社区知识共享感知价值的维度及要素进行内容分析；其二是采取该方法对本书的调查问卷进行修订。访谈调查按照有序的步骤进行，即通过事先拟好的访谈提纲，选择合适的对象，完整地记录访谈过程并加以整理。

（三）"移植"借鉴的方法

通过科学"移植"感知价值理论、社会认知理论等理论，分析虚拟社区持续知识共享行为的微观机理。

（四）问卷调查

在定量研究中，通过调查数据来回答研究问题和检验假设，通过对调查问卷和统计分析的严格控制，可以为验证理论提供测量或观测数据。为了保证研究内容的缜密、有效，本书采用了两阶段问卷的做法，即先进行小样本问卷调查，再进行大样本问卷调查。做小样本调查，进行探索性因子分析，然后根据小样本结果对问卷进行修订，产生大样本问卷，再以此问卷进行大样本调查。根据大样本数据进行验证性因子分析和验证结构模型。

（五）数据分析

根据研究的需要，本书主要采用 SPSS 16.0 和 AMOS 18.0 对调查数据进行描述性统计分析、验证性因子分析以及假设检验。

二、研究流程

本书首先根据研究背景与动机，确定研究主题与目的，并对国内外相关文献进行收集、研读、整理，发展研究的理论基础，拟定研究方法。研究的整体理论建构于计划行为理论之上，以问卷调查法进行。研究流程如下：

（一）确定研究问题与研究目的

针对虚拟社区知识共享的研究现状，以虚拟社区成员持续知识共享行为为研究主题，确立研究的动机与目的。

（二）文献整理与相关理论探讨

通过文献收集，整理并归纳国内外相关文献，探讨已有的研究成果、影响层面，建立本书的理论基础，并提出本书欲解决的问题。

（三）建立研究假设与研究命题

根据研究的目的、问题以及提出的理论架构，拟定适当的研究方法，并建立相关研究假设与研究命题。

（四）变量操作化与研究设计

对本书问题中包含的变量进行定义，作为问卷内容设计之基础。

（五）前测与修正变量

首先，参考访谈部分社区成员的意见，整理以往的文献，发展出问卷题项，并且采纳前测受访者的意见以修改题意；其次，通过小规模样本数据的收集和分析，删除不合研究目的的题项。

（六）问卷调查与数据回收

发放正式问卷并进行回收，收集研究分析所需数据。

（七）资料分析与假设检验

对收集回来的数据进行科学的统计、分析以及合理的解释。

（八）结论与展望

根据分析的结果，整理出成果报告，归纳出结论，并提出本书的局限性及未来的研究方向。

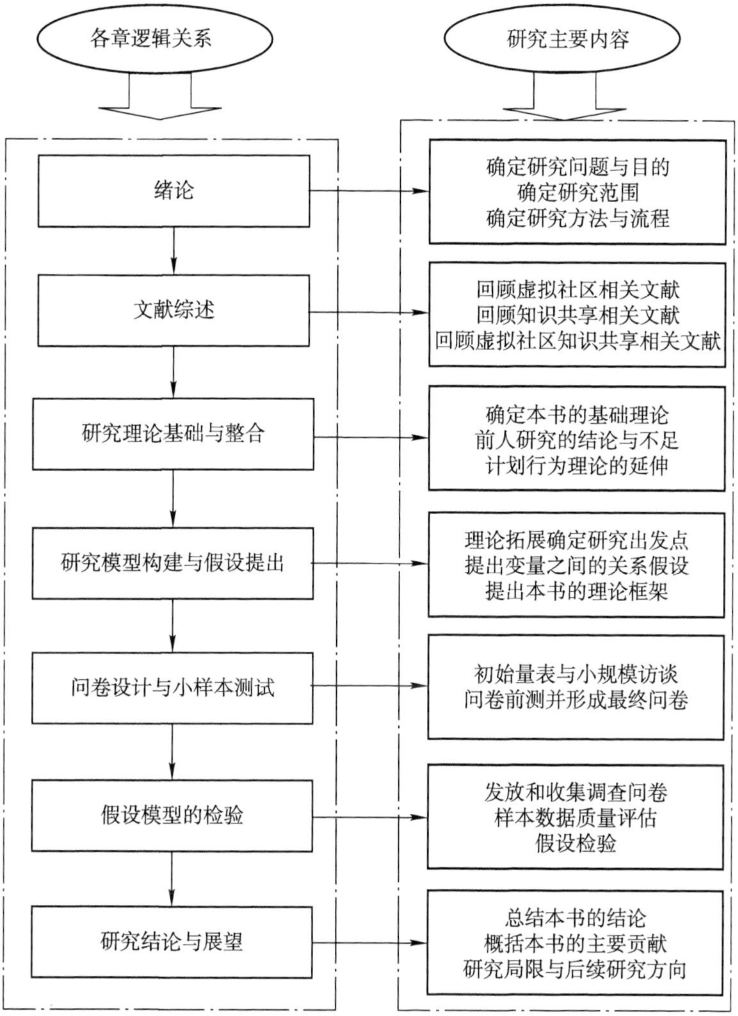

图1.2　研究逻辑与研究内容

第二章　文献综述

第一节　虚拟社区

一、虚拟社区的概念

“虚拟社区”一词的落脚点是“社区”，即它具有一般社区应该具有的特性。因此，要准确界定虚拟社区，必须首先弄清社区的内涵。“社区”一词源于拉丁语，指聚居在一定地域中的社会群体、社会组织形成的一个相互关联的实体。近十年来，部分学者对社区进行了深入的研究。如 Karp、Stone 和 Yoels（1991）认为，社区应具备三个基本特征要素：持续的社会交互、共享的属性和价值观、特定的地理空间。美国学者希莱里在总结关于社区概念的描述中，认为地理区域、共同的纽带以及社会交往是社区形成的不可缺少的基本要素。Brint（2001）回顾大量实证研究后指出，社区应具有六个维度：①密集和需求的社会关系；②对协会的社会依恋和卷入；③仪式场合；④小群体规模；⑤感知与其他人身体特征、表达风格、生活方式和历史经历的相似性；⑥在理想、道德、协会和群组上具有共同的信仰[①]。随着通信技术

① Brint S. Gemeinschaft Revisited: A Critique and Reconstruction of the Community Concept [J]. Sociological Theory, 2001, 19（1）: 1–23.

和网络技术的快速发展，社区有了新的存在形式——虚拟社区，亦称网络社区或者网络社群，它具有传统意义上的社区的基本要素和特点。自 20 世纪 90 年代虚拟社区诞生以来，国内外许多学者从各自的研究背景及研究视角展开了对虚拟社区内涵的探索，产生了很多有价值的成果，但迄今为止还没有一个被统一认可的概念。

学术界公认首次提出“虚拟社区”这一概念的美国学者 Rheingold（1993）认为，虚拟社区是社会的集合体，它的发生源于网络群体长期对共同议题进行讨论而形成的人际互动，成员间共享共同的语言、环境、价值与兴趣[①]。Hagel 和 Armstrong（1997）认为，虚拟社区是人们围绕某种兴趣或需求集中进行信息交流的地方，它将拥有相似兴趣的人们集中起来，并通过网络以在线的方式创造社会和商业价值[②]。Bagozzi 和 Dholakia（2002）将虚拟社区界定为“数字环境中的中介社会空间，允许通过持续的沟通过程来支持和组成群组，在这个空间里，成员的价值观趋同”[③]。

Stanoevska-Slabeva（2001）认为，虚拟社会由两部分组成：社区参与者的关系和数字技术平台。社区参与者之间通过数字技术平台在网络虚拟空间共享共同语言、价值和兴趣，遵守普遍定义的组织结构，与电子媒介连接，无处不在地进行合作与交流[④]。Lee 等（2002）在以往研究的基础上，总结了虚拟社区的主要特征：①虚拟社区建立在以计算机为媒体的空间，即网络空间；②虚拟社区内的互动是以信息技术为基础的；③虚拟社区的发展主要是由成员间的信息交流与知识共享驱动的；④社区成员间的关系通过交流和共享行

① Rheingold H. The Virtual Community: Homesteading on the Electronic Frontier [M]. The MIT Press, 2000 .

② Hagel J, Armstrong A. Net Gain: Expanding Markets Through Virtual Communities [M]. Harvard Business Press, 1997 .

③ Bagozzi R P, Dholakia U M. Intentional Social Action in Virtual Communities [J]. Journal of Interactive Marketing, 2002, 16（2）: 2–21.

④ Stanoevska-Slabeva K. Toward a Community-Oriented Design of Internet Platforms [J]. International Journal of Electronic Commerce, 2002, 6（3）: 71–95.

为得以发展[①]。Leimeister 等（2006）认为，虚拟社区是由一群成员基于技术平台上的社会性互动而形成，成员的行为自觉遵守社区的行为规范，容易建立信任和共同情感，他们追求共同的兴趣、共同的问题或者共同的任务[②]。

国内也有不少学者对虚拟社区的概念进行了界定。较具代表性的如柴晋颖、王飞绒（2007）将虚拟社区定义为一个基于信息技术支持的网络空间，核心是参与者的交流和互动，并且在参与者之间将形成一种社会关系[③]。黄少宽、黄晓斌（2008）认为，虚拟社区是指由具有共同兴趣和需要的人们组成、成员可能散布于各地、以旨在获取认同的形式形成的在线聚合的网络共同体[④]。徐小龙、王方华（2007）将虚拟社区定义为：人们为了满足某种需要，在网络空间相互交流而形成的具有共同目标的群体关系总和[⑤]。汪祖柱、钱程、储节旺（2011）定义了专业虚拟社区，认为虚拟社区是指人们借助计算机网络彼此沟通，在博客、论坛上发表观点，分享信息和知识，通过交流达到某种程度的共识而形成的一个类似于现实社区的网络群体；而专业虚拟社区是满足其专业用户成员通信、信息交流、知识共享等服务需求的一种虚拟社区[⑥]。范晓屏（2007）认为，虚拟社区具有三个明显的特征：一是虚拟社区的地点场所特征，人们可以在这里发展与维持社会和经济关系；二是虚拟社区的符号特征，即它有自身的集体观念和虚拟意识形态和象征；三是社区的虚拟特征，它既存在于参与者的头脑中，还存在于参与者想象的社会结构及电

---

① Lee F S L, Vogel D, Limayem M. Virtual Community Informatics: What We Know and What We Need to Know [C]. IEEE, 2002.

② Leimeister J M, Sidiras P, Krcmar H. Exploring Success Factors of Virtual Communities: The Perspectives of Members and Operators [J]. Journal of Organizational Computing and Electronic Commerce, 2006, 16（3–4）: 279–300.

③ 柴晋颖，王飞绒 . 虚拟社区研究现状及展望 [J]. 情报杂志，2007（5）：101–103.

④ 黄少宽，黄晓斌 . 网络虚拟社区及其在图书情报工作中的应用 [J]. 情报理论与实践，2008（1）：109–111.

⑤ 徐小龙，王方华 . 虚拟社区研究前沿探析 [J]. 外国经济与管理，2007（9）：10–16.

⑥ 汪祖柱，钱程，储节旺 . 专业虚拟社区知识服务的概念及其机制研究 [J]. 情报理论与实践，2011（5）：27–29.

脑媒介生成的结构中[①]。

总体而言，上述研究者从社会学视角、管理学视角、系统学视角等不同视角阐述了虚拟社区的内涵，尽管对虚拟社区的概念描述存在差异，但却从不同方面反映了虚拟社区的本质特点，有利于我们更全面客观地认识和把握虚拟社区。

二、虚拟社区的构成要素

已有研究对虚拟社区的构成要素进行了剖析。如 Preece（2000）认为，虚拟社区应包括：①人，即希望满足自身需求或者实施某些任务而发生社会交往；②共享的目的，如共同的兴趣、需求、信息交换；③规则，即默认的假定、协议、规则和法律形式；④技术系统。范晓屏（2007）认为，虚拟社区大致具有六个重要因素：①网络空间；②有技术支持、规范指导；③有共同的兴趣或共同的话题；④信息交流与分享；⑤情感或人际关系；⑥社会和商业价值。石艳霞（2010）概括虚拟社区具有以下构成要素：①虚拟社区的进入方式主要是通过电脑或电子媒介，它的运作是以现代信息技术为基础支撑的；②与现实社区不同，虚拟社区存在于网络空间上；③虚拟社区的驱动力主要来自社区参与者；④社区成员之间的群体交流，最终会形成虚拟社区中的社会人际关系[②]。楼天阳（2008）总结虚拟社区应该表现出如下特征：①互动的人们组成群组，且与他人互动不需要地理聚集点；②成员间由重要的社会纽带联结，对社区有强烈的情感依附；③以 IT 技术为沟通的桥梁；④组成成员参与更为广泛的社会交换过程，包括共同的生产和消费；⑤社会互动围绕共同的兴趣，或共享的目标[③]。

借鉴上述国内外学者对虚拟社区要素的分析，可以归纳出虚拟社区在关

---

① 范晓屏 . 基于虚拟社区的网络互动对网络购买行为的影响研究 [D]. 杭州：浙江大学，2007.

② 石艳霞 . SNS 虚拟社区知识共享及其影响因素研究 [D]. 太原：山西大学，2010.

③ 楼天阳 . 虚拟社区成员联结机制研究 [D]. 上海：复旦大学，2008.

键要素构成方面的共性。①成员。即社区的主要参与者，没有参与者，社区将成为一个空泛的概念而变得毫无意义，而且必须有足够多的参与者来保证组成“社会集合体”。②网络空间。与传统社区不同的是，虚拟社区的产生不需要地理聚集点，它是互联网技术发展的产物，成员间的沟通和交流以现代信息技术为基础，成员间的互动发生在网络空间。③互动联结。成员间或因共享的目标，或因共同的兴趣产生社会性的互动，这种互动行为构成了社区的主要活动，集中体现在信息交流行为或知识共享行为等方面。④规则。即虚拟社区允许的假定、协议、规则和法律形式。

第二节　知识共享

一、知识的内涵和分类

知识是一个非常复杂和抽象的概念，自古以来，哲学家就开展了对知识本质意义的探索，国内外的管理学家、政府机构、各类工具书等都试图对知识的内涵进行界定，但直到今天仍没形成一个统一的、普遍认可的理解和认识。

梳理相关研究，可以发现，有些定义侧重于将知识理解成观念总和、经验总结、认识成果或精神活动。如《辞海》将知识定义为“人们在社会实践中积累起来的经验”，它属于认识的范畴；《教育大辞典》认为知识是人类的认识成果，经验是知识的初级心态，系统的科学理论是比较完备的知识形态；《逻辑学大辞典》将知识理解为“人类认识的成果或结晶，包括经验知识和理论知识”；《中国大百科全书》定义知识为：“人类的认识成果。它是在实践的基础上产生又经过实践检验的对客观实际的反映，人们在日常生活、社会活动和科学研究中所获得的对事物的了解，其中可靠的成分就是知识。”马克思主义哲学认为知识的本质在于“它从社会实践中来，社会实践是一切知识的基础和检验知识的标准。无论什么知识，只有经过实践检验证明是科学地反映了客观事物，才是正确可靠的知识”。

而有些定义侧重于从信息的角度阐述知识。如车驰曼将知识设想或看作一种对信息的集合，认为知识只存在于其使用者身上，而不存在于信息的集合中。使用者对信息的集合的反应才是最为重要的。Wiig（1994）认为知识是吸收信息后，个人通过经验、价值观和信仰的整合应用与判断力的思考，从而产生反应和行为[①]。美国著名管理大师德鲁克认为“知识是一种能够改变某些人或某些事物的信息，这既包括使信息成为行动的基础的方式，也包括通过对信息的运用使某个个体有能力进行改变或进行更为有效的行为的方式”。Miller 和 Morris（1999）认为，知识是理论、信息和精力积累的综合体现，并可进一步延伸包括智慧在内的隐性知识。Myers（1996）认为，知识是指那些嵌含在能促进行为的惯例和过程之中的经过处理的信息。日本学者野中郁次郎则认为知识是“一套有意义的信息，包含被证明是正确的信念及具体化的技能”。国内学者朱祖平认为，知识是对信息的推理、验证，从中得出的系统化的规律、概念或经验，它是言行的基础。董小英将知识定义为：“认知主体以认知图式适应、同化被认知客体的信息内容，经整合重构而再现的观念化、符号化的有序信息组合。”

还有一些学者侧重从功能的角度阐述知识的内涵。如 Grant（1996）认为，知识是“组织拥有的最重要的战略性资源”。Beckman（1997）认为，知识是人类对数据及信息的一种逻辑推理，它可以提升人类的工作、决策、问题解决及学习的绩效。Spek 和 Spijkervet（1997）将知识定义为正确与真实的直觉、经验与程序，知识可以指引人们的想法、行为和沟通。中国国家科技领导小组办公室在《关于知识经济与国家基础设施的研究报告》中将知识定义为：“经过人的思维整理过的信息、数据、形象、意象、价值标准以及社会的其他符号化产物，不仅包括科学技术知识，还包括人文社会科学的知识，

① Wiig K M. Knowledge Managment：The Central Focus for Intelligent-Acting Organizations［M］. Schema Press Limited，1994.

商业活动、日常生活和工作中的经验和知识，人们获取、运用和创造知识的知识，以及面临问题做出判断和提出解决方法的知识。”Liebowitz 和 Beckman（1998）认为，知识是一种情境、事实、例子、事件、规则、假设或是模型，能够对某一领域或学科增进理解力或绩效。

对于知识的分类方法亦有诸多标准，其中影响最为深远的是 Polanyi（1962）的知识分类方法。他认为，知识可以分为内隐知识和外显知识，所谓内隐知识是指限定在某种特殊的情境之中，植根于人们的行为与互动之中，外显知识是指能够被理解和编撰的知识，具有语言性和结构性，如事件、理论、标准与程序等。后来，Hedlund（1994）、Nonaka（1995）基本沿用了这一分类标准，但在描述上有所区别。Hedlund（1994）认为，外显知识是可以详加叙述或用文字、计算机程序、专利或图形加以表示的知识，内隐知识是非口头、直觉、不清晰、目前无法表达的知识。Nonaka（1995）认为，显性知识可以用语言或数字进行表达，能脱离原有的情境，借助数据、科学公式、规范、手册等形式加以交流和共享，而隐性知识以经验知识为组成部分，产生于具体的实践活动中，不易与他人沟通和交流，像主观的洞察力、直觉、第六感、灵感等都属于隐性知识。

根据知识所依赖的载体或知识分布层次的不同，可将知识分为个体知识、团队知识以及组织知识。个体知识是指个人在社会长期实践和理论学习中形成的为自己所拥有的知识，不仅包括专业知识、工作技能、诀窍、个人专利和发明以及个人的生活常识和体验，还包括更高层次的思想和价值观。个体知识的扩散会转化成团体知识或者组织知识。团体就是由两个或者两个以上的人，为了特定目标而按照一定规则结合在一起的组织。团体知识的形成主要源于三个方面：一是团体组建时个体知识转化为团体知识；二是在执行任务时团体形成的知识；三是从其他团体和组织的专家获得知识。组织知识是内含于组织实体系统的知识，包括组织内的作业流程、信息系统、组织文化与团队协调合作，这些知识是组织成员集体拥有的，并且依赖于组织而存在，不会随员工的流失而有所转移。

OECD 在 1996 年《以知识为基础的经济》的报告中将知识分为四类：事实性的知识（Know-What Knowledge）、技能性的知识（Know-How Knowledge）、原理性的知识（Know-Why Knowledge）、人力知识（Know-Who Knowledge）。具体解释如下：① Know-What Knowledge，即“知道是什么”的知识，关于事实描述方面的知识。如湖北武汉市有多少人口？肯德基的制作工序是什么？“文化大革命”是什么时候发生的？② Know-Why Knowledge，即“知道为什么”的知识，关于原理和规律方面的知识。如罗卡定律、摩尔定律、牛顿力学三大定律、墨菲定律等。③ Know-How Knowledge，即“知道怎么做”的知识，关于操作技巧和能力的知识。对于虚拟社区中的知识而言，就是社区成员中的操作技能、诀窍、经验、价值观等。④ Know-Who Knowledge，即“知道是谁”的知识，涉及谁知道什么和谁知道如何做的知识。对于社区成员来说，如果存在知识缺口，就可以明确向哪些会员寻求帮助。

二、知识共享的内涵

对于知识共享内涵的描述，国内外学者们仁者见仁，智者见智，由于研究出发点以及研究视角的差异，其概念的描述皆有所不同。总结相关文献，知识共享的概念描述可以被归纳为以下几类：

（一）学习视角的知识共享

这种观点强调通过持续的、动态的学习过程实现知识共享，该学习过程不仅表现为知识在个体间的转移，在团队、组织内的扩散，还表现为知识接受者的内化过程，即通过知识的吸收、整合以及在实际中的运用，创造新知识、形成新能力的过程。如 Gilbert 和 Hayes（1996）将知识共享的过程分为知识获取、知识沟通、知识消化、知识接受以及知识应用五个阶段，强调知识共享不是静态的，是通过不断地动态学习才能达成目标的过程。Dixon

（2000）认为，共享就是使组织的其他人员能够知晓，可以通过社会化、教育培训、组织学习等方式实现，只有员工将自有知识转化成组织的共有知识，才能为组织赢得持续竞争优势。Senge（1998）认为，知识共享不仅是一方将信息传给另一方，还包括愿意帮助另一方了解信息的内涵，协助知识接收方形成有效行为的能力。

（二）转化视角的知识共享

这种观点源于 Nonaka 和 Takeuchi 提出的知识转化模式，它将组织内的知识分为显性知识和隐性知识，强调显性知识和隐性知识在组织内不同层次的转化过程。具体表现为四种模式：社会化过程、外在化过程、组合化过程以及内在化过程，通过四种模式的转化，使成员间的知识得以共享，并间接促成了成员与组织彼此共享知识。这种隐性知识和显性知识相互转化的过程，实质上伴随着知识在不同主体之间的共享过程。

（三）沟通视角的知识共享

持有这种观点的学者认为，知识共享是建立在知识拥有者以及知识重建者之间的互动的基础上的。如 Hendriks（1999）认为，知识共享是知识拥有方与知识获取方之间的沟通，知识获取方向他人学习知识时，表现为具备知识去获得他人知识，并进行知识重建。Ipe（2003）指出，知识共享是将个体的知识转化为可以被他人理解、吸收和使用的知识的过程，强调共享的结果是知识源与接受方共同占有知识，而沟通顺畅是影响知识共享的关键因素。Bostrom（1989）认为，知识的有效共享依赖于人与人之间的相互理解与尊重。事实上，已有研究已经证明，沟通的技术、模式、程度等是影响知识共享效率的重要因素。Verkasalo 和 Lappalainen（1998）认为，知识共享是一种沟通过程，向他人转移知识或接受知识必须具备必要的先验知识。

（四）交易视角的知识共享

这种观点强调知识共享发生在一个与商品市场或服务市场相类似的知识市场里，将知识看作一种经济资源，这种资源的有用性和稀缺性使知识的拥有者可以将其用来交易，即知识共享的表现形式为知识交易。如 Ensign（1997）认为，知识共享是不同知识拥有者之间交易的过程；Davenport 和 Prusak（1998，1999）认为，企业内部存在一个“知识市场”，知识共享的过程实质上是企业内部参与市场的过程；应力、钱省三（2001）认为，知识交易是形成知识共享的基础，与一般市场交易不同的是，知识交易很少以现金形式支付，而是以互惠、名望、友情和信任等形式进行。

（五）系统视角的知识共享

持有这种观点的学者强调通过企业内部知识管理系统的构建或者信息技术的改进，来克服知识共享的时间障碍和空间障碍，作为提高知识共享效率的工具和手段。如 Niwa（1990）认为，知识共享在很大程度上由信息技术及其运用决定，共享知识空间越大，显性知识的价值越高，IT 技术应用于知识管理的价值就越大；Alavi 和 Leidner（2001）认为，应用信息技术可以扩大知识共享的范围和效率。

三、知识共享的影响因素

知识共享的影响因素及实证研究近十年来一直是学者们研究的热点，产生了一大批具有理论价值和实践价值的研究成果。笔者在对国内外相关文献进行梳理和分析的基础上，将知识共享的影响因素归纳为知识主体因素、知识客体因素、组织因素、技术因素、社会文化因素以及结构因素。

（一）知识主体因素

从知识转移的路径来看，知识主体包括知识发送方和知识接收方。已有研究表明，知识主体的人格特征、心理状态、个人动机等影响知识共享行为。在国外的经验研究中，Connelly 和 Kelloway（2003）研究表明，相比男性，女性对社会交往文化更为敏感，而感知一个正向的社会交往文化对知识共享具有促进作用[①]；Matzler、Renzl、Müller 等（2008）分析了随和性、责任心和经验开放性三种人格特征对知识共享的影响，经验研究表明，这三种人格特征对知识共享具有显著影响[②]；Wang、Lee、Lin 等（2007）将个人人格分为五种维度：责任心、外向性、随和性、经验开放性以及神经质性，经验研究的结果表明，神经质性与知识共享意愿负向相关，而其他四种人格维度与知识共享意愿呈正相关[③]。

还有研究从知识主体心理特征角度分析其对知识共享的影响。如 Hsu 等（2007）基于社会认知理论，分析了社区成员知识自我效能对知识共享的影响，经验研究的结果表明，知识自我效能显著影响知识共享行为。Bock 等（2005）基于理性行为理论分析了知识共享的影响因素，实证结果表明，自我效能感会影响员工主观规范，进而影响知识共享意愿和行为。Kudisch、Forunato 和 Smith（2006），Lin（2007），Lu、Leung 和 Koch（2006）等也证实了自我效能感对知识共享的影响。

知识主体的动机因素同样影响知识共享意愿，进而影响知识共享行为。如 Cabrera 等（2006）在分析个体知识共享的决定因素的研究中发现，员工感知到的奖励可以在一定程度上预测知识共享行为[④]；Lin（2007）发现，乐于助人显著影响知识共享过程[⑤]；Davenport 和 Prusak（1998）基于大量数据分析表明，人际互惠是员工在组织内知识共享的重要动机[⑥]。其他被关注的因素还包

① Connelly C E, Kelloway E K. Predictors of Employees' Perceptions of Knowledge Sharing Cultures [J]. Leadership & Organization Development Journal, 2003, 24（5）: 294-301.

② Matzler K, Renzl B, Müller J, et al. Personality Traits and Knowledge Sharing [J]. Journal of Economic Psychology, 2008, 29（3）:301-313.

③ Wang C, Lee Y, Lin W, et al. Effects of Personal Qualities and Team Processes on Willingness to Share Knowledge: An Empirical Study [J]. International Journal of Management, 2007, 24（2）: 250.

④ Cabrera A, Collins W C, Salgado J F. Determinants of Individual Engagement in Knowledge Sharing [J]. The International Journal of Human Resource Management, 2006, 17（2）: 245-264.

⑤ Lin H F. Effects of Extrinsic and Intrinsic Motivation on Employee Knowledge Sharing Intentions [J]. Journal of Information Science, 2007, 33（2）: 135-149.

⑥ Davenport T H, Prusak L. Working Knowledge: Managing What Your Organization Knows [M]. Boston: Harvard Business School Press, 1998.

括个体的吸收能力、专家地位等。

（二）知识客体因素

据知识可呈现的程度，可将知识分为显性知识和隐性知识。从编码难易角度来讲，隐性知识是高度个性化，难以正式化，只可意会不可言传，而且深植在个人的经验、判断、意识、感觉、灵感、创意或者潜意识的心智模式内的知识；显性知识是可以用文字、声音、图像、视频、图表、公式等形式表达的知识。隐性知识与显性知识对知识共享的影响存在显著差异。如Inkpen和Dinur（1998）研究表明，集体层次的知识隐性程度与知识共享效果呈显著的负相关①。Dixon（2000）认为，与隐性知识相比，容易编码的知识更容易转移②。Lu、Leung和Koch（2006）的研究表明，相比隐性知识，在提高组织信息沟通技术的使用率、提高知识共享效率方面，显性知识的作用更为明显③。还有一些学者从知识的其他特征出发，分析其对知识共享的影响。如Ipe（2003）研究发现，知识的价值影响知识共享，如果员工认为共享的知识对他们而言是非常有价值的知识，那么他们就可能拒绝共享知识④。Alexander（2003）研究发现，在虚拟实践社区情境下，雇员对知识公共属性的认可程度不同，进而影响雇员在虚拟社区中的知识共享⑤。此外，Kogut和Zander（1996）、Haldin-Herrgard（2000）、Waso和Faraj（2000）、Fahey和Prusak（1998）等都将知识特性作为影响知识共享的因素，并在此基础上进行了实证研究，取得了丰硕的成果。

---

① Inkpen A C, Dinur A. Knowledge Management Processes and International Joint Ventures [J]. Organization Science, 1998: 454–468.

② Dixon N M. Common Knowledge: How Companies Thrive by Sharing What They Know [M]. Harvard Business Press, 2000.

③ Lu L, Leung K, Koch P T. Managerial Knowledge Sharing: The Role of Individual, Interpersonal, and Organizational Factors [J]. Management and Organization Review, 2006, 2（1）: 15–41.

④ Ipe M. Knowledge Sharing in Organizations: A Conceptual Framework [J]. Human Resource Development Review, 2003, 2（4）: 337.

⑤ Ardichvili A, Page V, Wentling T. Motivation and Barriers to Participation in Virtual Knowledge-Sharing Communities of Practice [J]. Journal of Knowledge Management, 2003, 7（1）: 64–77.

（三）组织因素

影响知识共享的组织因素包括组织氛围、组织制度、组织结构、组织文化、组织报酬体系等。Bock 等（2005）在其研究中探讨了组织氛围对知识共享意愿的影响，经验研究表明，组织氛围对知识共享意愿存在显著影响①。Collins 和 Smith（2006）对 136 家科技企业的研究结果表明，组织氛围会促进员工的交换和整合能力②。Taylor 等（2004）分析了组织战略对知识共享的影响，认为一个变化的远景对有效的知识共享具有很强的正向作用③。Lin 和 Lee（2004）考察了领导风格对知识共享的影响。作者对台湾 2000 家大型企业的调查发现，高层管理者对知识共享的态度、主观规范及感知行为控制三个因素影响着管理者对知识共享的鼓励意愿，进而影响员工的知识共享行为④。Tsai（2002）探讨了组织结构对知识共享的影响。通过对多国企业的调查研究，作者发现，集权会对子公司间的知识共享产生显著的负面影响。还有研究者从组织报酬的角度分析其对知识共享的影响。如 Vera-Munoz、Ho 和 Chow（2006）研究发现，基于员工个人绩效的报酬系统不会对知识共享产生正向影响，但基于团队的绩效评估系统会积极作用于知识共享⑤。组织文化对知识共享的影响也是研究者们关注的热点，如果组织内存在一个知识共享的文化、员工之间彼此信任，那么知识共享行为就会自然而然地发生（Tsai，2002；King，1999；Heisig 和 Spellerberg，2001；Yang，2004；Taylor 等，2004）。

---

① Bock G W, Zmud R W, Kim Y G, et al. Behavioral Intention Formation in Knowledge Sharing: Examining the Roles of Extrinsic Motivators, Social-Psychological Forces, and Organizational Climate [J]. MIS Quarterly, 2005: 87-111.

② Collins C J, Smith K G. Knowledge Exchange and Combination: The Role of Human Resource Practices in the Performance of High-Technology Firms [J]. The Academy of Management Journal, 2006, 49（3）: 544-560.

③ Taylor W A, Wright G H. Organizational Readiness for Successful Knowledge Sharing: Challenges for Public Sector Managers [J]. Information Resources Management Journal, 2004, 17（2）: 22-37.

④ Lin H F, Lee G G. Perceptions of Senior Managers Toward Knowledge-Sharing Behaviour [J]. Management Decision, 2004, 42（1）: 108-125.

⑤ Vera-Munoz S C, Ho J L, Chow C W. Enhancing Knowledge Sharing in Public Accounting Firms [J]. Accounting Horizons, 2006, 20（2）: 133-155.

(四)技术因素

在早期知识管理领域的研究中，学者(Newell，1982；Musen，1992；Hamsen，1999；Gates，1998)较多地关注和强调技术驱动对知识共享的影响。如 Hendriks(1999)强调信息和沟通技术对知识共享的影响，认为信息技术可以减少知识员工沟通的时空障碍，进而促进知识共享[①]。Eriksson 和 Dickson(2000)提出的知识共享创造模式中包含四个要素：IT 基础设施，知识共享流程，推动者以及价值观、规范和程序，其中 IT 基础设施主要指支持信息沟通的工具或系统，如视频会议、Intranet 等[②]。Hooff 和 Ridder(2004)在其实证研究中发现，计算机介入的沟通技术(CMC)通过组织承诺对知识共享产生间接作用[③]。Garfiel(2006)认为，知识共享包括人员、过程和技术三个要素，支持知识共享的技术手段包括群件技术、互联网技术、知识管理系统等[④]。综上所述，可以看出技术是影响知识共享的重要因素之一。

(五)社会文化因素

很多研究者关注社会文化因素对知识共享的影响。Michailova 和 Hutchings(2006)对比了中国文化和俄罗斯文化对知识共享行为的影响，发现中俄两国都属于集体主义文化，但在知识共享意愿方面存在差异，中国人的知识共享意愿是基于圈子利益，而俄罗斯人比较注重个人利益动机[⑤]。Chow、Deng 和 Ho(2000)比较了中国人和美国人在知识共享上的差异，研究发现，当中国人和美国人对“圈内人”的知识共享意愿一致时，中国人比美国人更不愿意

① Hendriks P. Why Share Knowledge? The Influence of ICT on the Motivation for Knowledge Sharing [J]. Knowledge and Process Management, 1999, 6(2): 91-100.

② Eriksson I V, Dickson G W. Knowledge Sharing in High Technology Company [C]. Paper Presented at the American Conference on Information System, 2000.

③ Van Den Hooff B, De Ridder J A. Knowledge Sharing in Context: The Influence of Organizational Commitment, Communication Climate and CMC Use on Knowledge Sharing [J]. Journal of Knowledge Management, 2004, 8(6): 117-130.

④ Garfield S. 10 Reasons Why People Don't Share Their Knowledge [J]. KM Review, 2006, 9(2): 10-11.

⑤ Michailova S, Hutchings K. National Cultural Influences on Knowledge Sharing: A comparison of China and Russia [J]. Journal of Management Studies, 2006, 43(3): 383-405.

与"圈外人"共享知识[①]。Huang、Davison 和 Gu（2008）研究发现，集体主义完全通过内化和认同的中介作用来影响员工的知识共享态度[②]。Ardichvili、Maurer、Li 等（2006）经过深度访谈分析了中国、俄罗斯和巴西三个国家的文化因素对实践社区知识共享的影响，具体的因素包括面子、谦虚、权力差距等，结果发现，这些因素对实践社区知识共享影响的重要程度呈现差异性[③]。王国保（2010）将中国文化分为集体主义倾向、等级倾向、和谐倾向、人情倾向和面子倾向五个要素，分析该五个要素对知识共享的影响，研究结果表明，中国文化五维度对知识共享具有显著影响[④]。

（六）结构因素

社会网络理论的发展，使越来越多的学者关注知识主体所处的网络结构特征对知识共享的影响，测量网络结构特征的指标包括联结强度、网络中心性、结构洞、网络凝聚力等。

Granovetter（1973）在《美国社会学杂志》上发表了《弱关系的力量》一文，依据对互动频率、情感密度、熟识或相互信任的程度以及互惠交换四个方面的测量，将关系分为强联结（Strong Ties）、弱联结（Weak Ties）。他认为，强联结会引起知识冗余和重复，弱联结则有利于新知识的传播与共享[⑤]。Hansen（1999）深入探讨了强弱联结对知识共享的影响，他认为强联结有助于非编码知识的共享，而弱联结则有助于获取新知识[⑥]。Seibert、Kraimer 和

① Chow C W, Deng F J, Ho J L. The Openness of Knowledge Sharing Within Organizations: A Comparative Study of the United States and the People's Republic of China [J]. Journal of Management Accounting Research, 2000（12）: 65.

② Huang Q, Davison R M, Gu J. Impact of Personal and Cultural Factors on Knowledge Sharing in China[J]. Asia Pacific Journal of Management, 2008, 25（3）: 451–471.

③ Ardichvili A, Maurer M, Li W, et al. Cultural Influences on Knowledge Sharing Through Online Communities of Practice[J]. Journal of Knowledge Management, 2006, 10（1）: 94–107.

④ 王国保 . 中国文化因素对知识共享、员工创造力的影响研究 [D]. 杭州：浙江大学，2010.

⑤ Granovetter M S. The Strength of Weak Ties[J]. American journal of sociology, 1973: 1360–1380.

⑥ Hansen M T. The Search-Transfer Problem: The Role of Weak Ties in Sharing Knowledge Across Organization Subunits [J]. Administrative Science Quarterly, 1999: 82–111.

Liden（2001）的研究证实了结构洞会扩大人际范围，体现为外部门熟人、上层熟人的增多，并由此在信息获取和资源获取方面具有优势[①]。Reagans 和 McEvily（2003）考察了企业网络中非正式网络结构特征与知识转移之间的关系，选取了网络结构的社会凝聚力（Social Cohesion）和网络范围（Network Range）两个关键特性。经验结果表明，社会凝聚力与网络范围在知识转移过程中有着重要影响[②]。Nerkar 和 Paruchuri（2005）研究发现，创新者在组织内知识网中的中心程度以及结构洞宽度与其知识被其他人选用的可能性正向相关[③]。

第三节　虚拟社区知识共享的影响因素研究

根据作者所掌握的文献，关于虚拟社区知识共享影响因素的研究较多，但是研究视角却存在差异。本书将根据国内外已有研究，对相关研究进行总结和比较，一方面为了将相关研究进行分类整理，另一方面也为后文理论模型的构建提供理论基础。

一、国外的研究

Chiu、Hsu 和 Wang（2006）[④] 整合社会认知理论与社会资本理论，构建了分析框架模型以探讨虚拟社区成员知识共享的动机因素，其中社会资本包括结构维度、关系维度以及认知维度三个维度。结构维度主要采用社会互动联

① Seibert S E, Kraimer M L, Liden R C. A Social Capital Theory of Career Success [J]. Academy of Management Journal, 2001: 219–237.

② Reagans R, McEvily B. Network Structure and Knowledge Transfer: The Effects of Cohesion and Range [J]. Administrative Science Quarterly, 2003（48）: 240–267.

③ Nerkar A, Paruchuri S. Evolution of R&D Capabilities: The Role of Knowledge Networks Within a Firm [J]. Management Science, 2005: 771–785.

④ Chiu C M, Hsu M H, Wang E T G. Understanding Knowledge Sharing in Virtual Communities: An Integration of Social Capital and Social Cognitive Theories [J]. Decision Support Systems, 2006, 42（3）: 1872–1888.

结进行测量，关系维度采用信任、互惠规范以及身份认同进行测量，对认知维度的测量则采用共同的语言和共同的愿景。此外，模型还考虑了结果期望对知识共享行为的影响，具体包括个人结果期望和社区结果期望，如图 2.1 所示。通过对 310 例样本的数据分析，结果表明：①社会互动联结、互惠规范以及身份认同与知识共享数量显著正相关，而与知识共享质量之间的正相关作用没有得到验证；②信任与知识共享数量之间没有显著的正相关关系，可能的原因是在风险较低的知识共享关系中，信任显得并不是很重要；③共同的语言与知识共享数量间的正相关关系表现不显著，而共同的愿景与知识共享数量之间有显著的负相关关系，原因可能在于知识共享者更加关注知识共享的质量而不是数量；④社区结果期望与知识共享数量和质量呈显著正相关，但是个人结果期望与知识共享数量之间有着显著的负相关关系，其原因可能

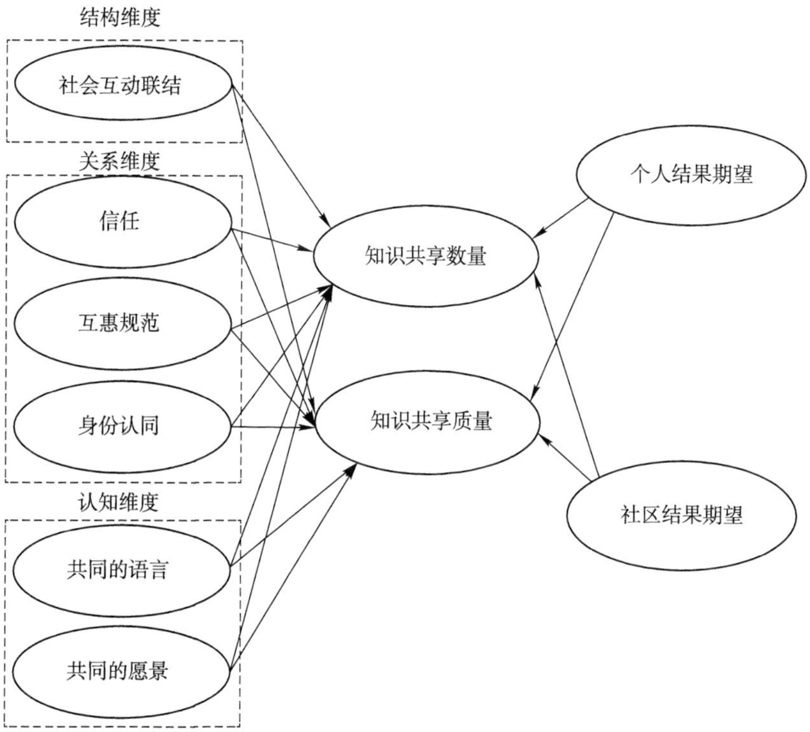

图2.1　Chiu等（2006）的研究模型

是当考虑到社区结果期望时，知识贡献者更多地关注社区的成功运作、发展和生存，而较少关注自己获得的利益。

Hsu 等（2007）[①] 从个人和环境的视角出发，构建了基于社会认知理论的模型框架以探讨虚拟社区知识共享行为的影响因素。个人因素主要有知识自我效能、个人成果期望以及社区成果期望三方面；环境因素主要包括信任，并将信任分为基于经济的信任、基于信息的信任以及基于认可的信任。构建的模型如图 2.2 所示。经验结果显示：①知识自我效能对知识共享行为具有直接和间接的影响，表明自我效能在虚拟社区知识共享行为中具有重要作用；②个人成果期望对知识共享具有显著的正向影响；③社区成果期望对知识共享行为没有显著的影响，可能的原因是虚拟社区不像公司或者政府有着制度或者权利的约束，知识共享行为是在自愿的环境下产生的，成员在这种环境下对个人的目标更感兴趣；④基于认可的信任对知识共享行为具有显著的正向作用。

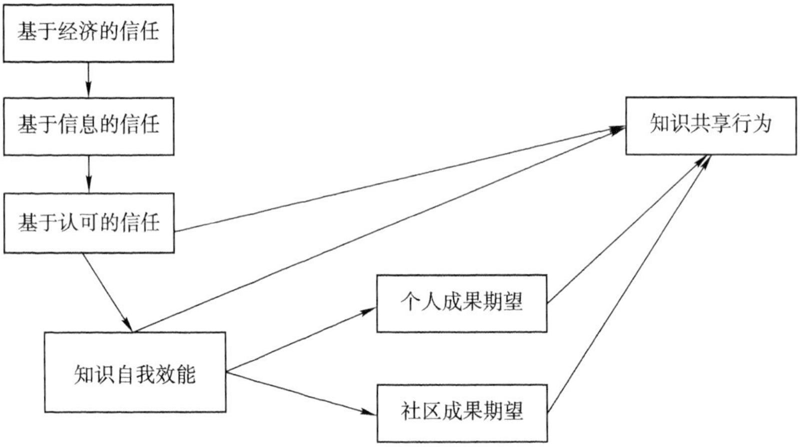

图2.2　Hsu等（2007）的研究模型

Sun 和 Ju（2009）主要探讨了个人动机、社会资本以及习惯域对虚拟社

① Hsu M H, Ju T L, Yen C H, et al. Knowledge Sharing Behavior in Virtual Communities: The Relationship Between Trust, Self-Sfficacy, and Outcome Expectations [J]. International Journal of Human-Computer Studies, 2007, 65（2）: 153-169.

区知识共享行为的影响。个人动机包括声誉和乐于助人；社会资本包括关系资本、结构资本和认知资本，其中关系资本主要用互惠进行测量，结构资本采用中心性进行测量，认知资本采用自我专家鉴定和参与度进行测量；习惯域主要依据个人的习惯进行测量。经验研究的结果显示：①成员互惠与虚拟社区知识共享行为之间具有显著的正向关系；②个人网络中心性与虚拟社区知识共享行为之间具有显著的正向相关性；③参与度对知识共享行为具有显著的正向影响；④乐于助人与个人习惯对知识共享行为具有积极影响，但是声誉以及自我专家鉴定没有通过显著性检验。

Wasko 和 Faraj（2005）① 从个人动机与社会资本两个角度来分析电子实践社区中个人动机和社会资本对知识贡献的影响，其构建的模型如图 2.3 所示。经验研究的结果表明，该理论模型的大部分假设都得到支持。在个人动机方面，个人声誉与知识贡献行为存在显著的正相关关系，但是乐于助人对知识贡献的影响作用表现不显著，原因可能在于：当实践网络社区用于支持专业活动，实践电子网络的专业性以及非匿名的特征，使外在奖励比内在动机对知识贡献的作用更加明显。在社会资本方面，结构资本的作用最为显著，位于网络中心的个体有机会与网络大多数人建立连接，更加可能贡献知识。同样，认知资本在知识贡献的行为中也起着重要的作用。与实践社区研究结果一致，个人经验是知识贡献中重要的预测指标。意料之外的是，结果显示，高水平的关系资本并没有促进知识贡献。这就意味着，即便个人得不到回报，或者忽略对网络的承诺，个人还是会贡献知识。这与在传统面对面环境中的研究结果相抵触（在面对面的环境中，互惠是保持关系与集体行动的关键），原因可能在于互惠在网络互动的环境中支持集体的行为并不是必需的。进一步地，作者还发现，一旦考虑到声誉和中心性的影响，承诺对知识贡献的作用就不显著，可能的原因是个人在考虑到声誉和中心性后，可能更倾向于接

① Wasko M M, Faraj S. Why Should I Share? Examining Social Capital and Knowledge Contribution in Electronic Networks of Practice [J]. MIS Quarterly, 2005, 29（1）: 35-57.

受知识，而不是贡献知识。

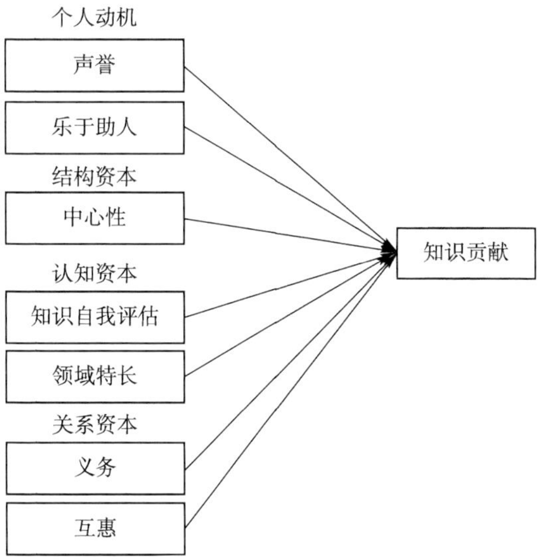

图2.3 Wasko和Faraj（2005）的研究模型

Lin、Hung 和 Chen（2009）[①] 以专业虚拟社区作为研究背景，探讨了情境因素、个人知识共享的感知、知识共享行为以及社区忠诚之间的关系。情境因素主要从互惠规范及信任两个维度进行考察；个人感知包括知识自我效能、感知相对优势以及感知相容性三个方面。构建的模型如图 2.4 所示。经验研究结果显示：①互惠规范负向作用于或者不显著作用于知识共享行为，可能原因是基于网络的互惠并不必然产生集体行为；②互惠规范对信任的产生具有显著的正向影响，并通过信任间接作用于知识共享行为；③知识自我效能、感知相对优势以及感知相容性与知识共享行为之间具有显著的正向关系；④知识共享行为对社区忠诚行为显著正相关。

① Lin M J J, Hung S W, Chen C J. Fostering the Determinants of Knowledge Sharing in Professional Virtual Communities [J]. Computers in Human Behavior, 2009, 25（4）: 929–939.

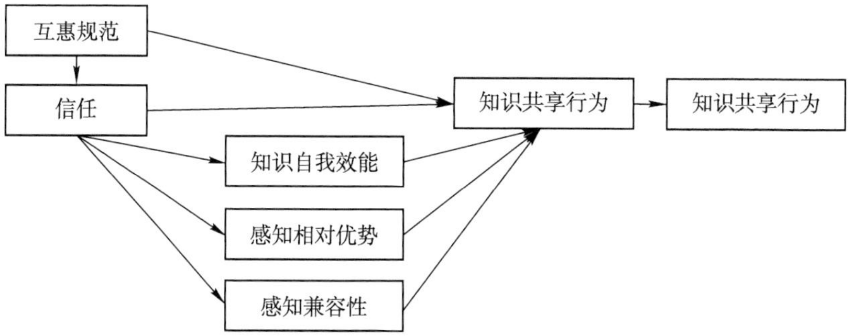

图2.4　Lin等（2009）的研究模型

Chang 和 Chuang（2011）[①] 从个人动机和社会资本两个构面分析了虚拟社区知识共享的影响因素。个人动机主要从声誉和利他行为两个维度进行测量；社会资本维度包括结构维度、关系维度以及认知维度，其中结构维度从社会互动进行测量，关系维度从信任、身份以及互惠进行测量，认知维度从共享语言进行测量。知识共享行为则从知识共享的数量以及质量进行测量；参与者涉入度在个人动机与知识共享行为间起调节作用。构建的模型如图 2.5 所示。通过对 318 份样本数据的分析，结果显示：①相比外在动机（声誉），内在动机（利他行为）对知识共享行为具有更大的影响力；②社会资本的发展在虚拟社区知识共享行为中具有重要的作用，社区成员如果互动频繁，彼此间相互信任，有共同的语言或者强烈的社区归属感，那么他们更乐于共享自己的知识；③声誉、社会互动以及信任对知识共享的质量有显著影响，但是其对知识共享的数量没有显著影响；④如果考虑到参与者涉入度因素的影响，声誉对知识共享行为的影响并不显著，利他行为对知识共享质量的影响没有通过显著性检验。

① Chang H H, Chuang S. Social Capital and Individual Motivations on Knowledge Sharing: Participant Involvement as a Moderator [J]. Information & Management, 2011, 48（1）: 9–18.

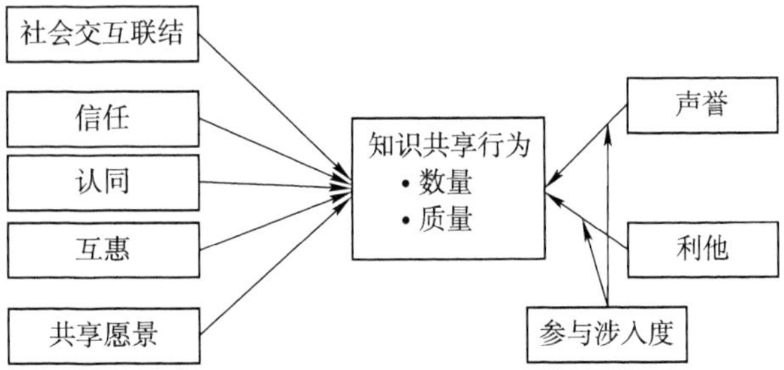

图2.5　Chang和Chuang（2011）的研究模型

Chen 和 Hung（2010）[①] 从情境因素以及个人因素两方面分析了专业虚拟社区中知识共享行为的影响因素。情境因素包括人际信任以及互惠规范两个维度，个人因素包括知识自我效能、感知相对优势以及感知相容性。知识共享行为主要从知识贡献行为和知识搜集行为两个维度测量，模型构建如图 2.6 所示。实证分析结果显示：①互惠规范对社区成员知识贡献行为没有显著影响，而对知识搜集行为具有显著的负向作用；②人际信任积极作用于知识贡献行为与知识搜集行为，相对于知识贡献行为而言，信任对知识搜集行为的影响更大；③知识自我效能对知识共享活动具有显著正向影响；④感知相对优势积极作用于知识贡献行为与知识搜集行为；⑤感知相容性与知识共享活动间的作用机理没有通过显著性检验。

Zhang 等（2010）[②] 主要探讨了虚拟社区中，心理安全感对个人持续知识共享意愿的影响，并从信任和自我意识两个方面考察了心理安全感的前置因素。同时，作者还考虑了知识共享意愿控制变量的影响，包括成员身份、满意、自我效能感以及习惯四个变量，并在此基础上提出相应假设。构建的模型如图 2.7 所示。通过对两个校园虚拟社区的调查分析，结果显示：①信任正

---

① Chen C, Hung S. To Give or to Receive? Factors Influencing Members' Knowledge Sharing and Community Promotion in Professional Virtual Communities [J]. Information & Management, 2010, 47（4）: 226–236.

② Zhang Y, Fang Y, Wei K, et al. Exploring the Role of Psychological Safety in Promoting the Intention to Continue Sharing Knowledge in Virtual Communities [J]. International Journal of Information Management, 2010, 30（5）: 425–436.

向作用于知识共享意愿，并对心理安全感具有显著的正向作用；②自我意识显著负向作用于心理安全感；③心理安全感与知识共享意愿之间有显著正向关系；④控制变量除了成员身份外，满意、自我效能感及习惯显著正向作用于知识共享意愿。

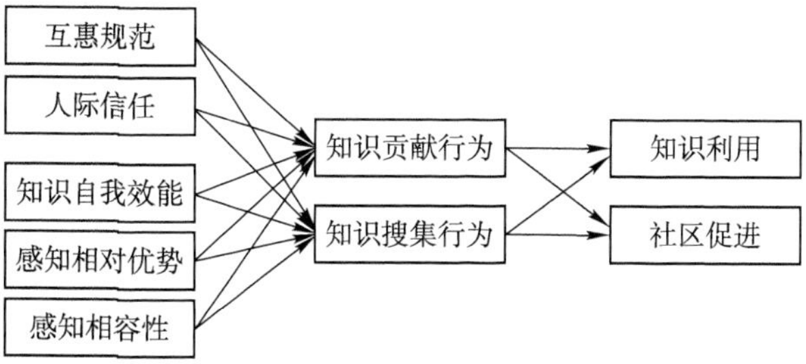

图2.6　Chen和Hung（2010）的研究模型

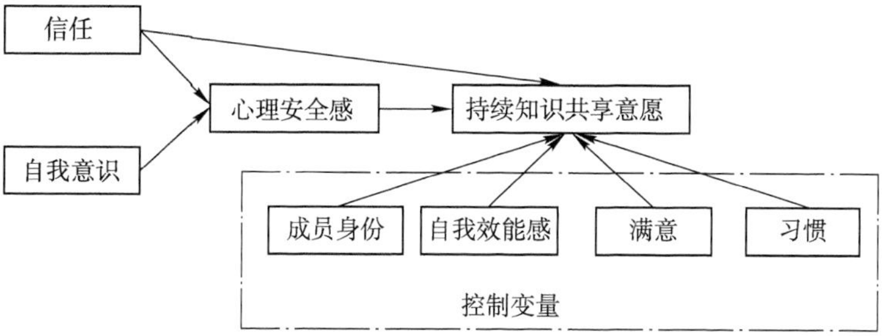

图2.7　Zhang和Fang（2010）的研究模型

二、国内的研究

李志宏等（2009）[①] 以计划行为理论作为研究基础，分别从关系质量、预期结果以及认知因素三个方面考察其对虚拟社区知识共享意愿的影响，其中关系质量包括利他主义、目标承诺和关系信任，认知因素包括自我效能，预期结果包括个人的结果预期和社区的结果预期。构建的模型如图 2.8 所示。作

① 李志宏，李敏霞，何济乐．虚拟社区成员知识共享意愿影响因素的实证研究 [J]. 图书情报工作，2009（12）：53-56.

者收集有效问卷155份，对相关假设进行检验，结果显示：①利他主义、关系信任、自我效能、个人的结果预期对知识共享意愿具有显著的正向作用；②目标承诺以及社区的结果预期对知识共享意愿的影响没有通过显著性检验；③关系信任对自我效能具有显著正向影响；④自我效能对个人的结果预期具有显著正向影响；⑤个人的结果预期对关系信任的影响没有通过显著性检验。

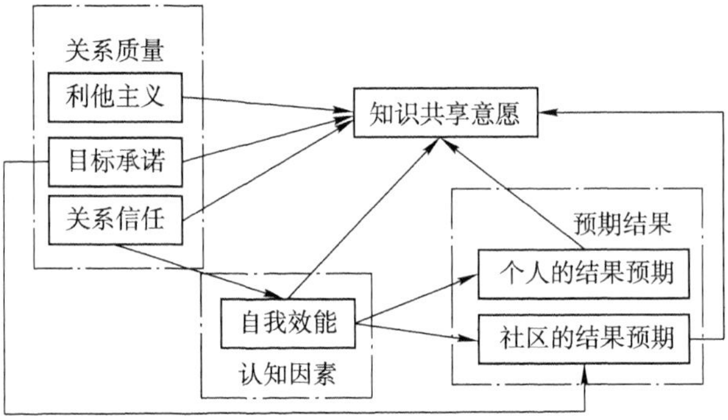

图2.8 李志宏等（2009）的研究模型

周涛、鲁耀斌（2009）[①] 究从社会影响理论的角度，考察了其对虚拟社区用户知识共享行为的影响。作者认为，社会影响包括顺从、认同以及内化三个过程。顺从通过主观规范来体现，主要指个人接受影响从而获取他人或者群体的授权；认同通过社会认可来体现，表明个人对团体的认同；内化通过团体规范来体现，指接受共同的自我导引来达到共同的理想目标。构建的模型如图2.9所示。通过对450份样本数据的分析，除主观规范对用户共享动机没有显著作用外，社会认可、团体规范对共享动机均有显著作用。可能的原因是主观规范对新成员的作用较大，随着用户经验的逐步积累，主观规范的作用将逐渐降低；也可能与虚拟社区的特点相关，成员参与虚拟社区知识共享是匿名和自愿的，因此成员没必要迎合他人的期望去共享知识。

① 周涛，鲁耀斌．基于社会影响理论的虚拟社区用户知识共享行为研究[J]. 研究与发展管理，2009（4）：78–83.

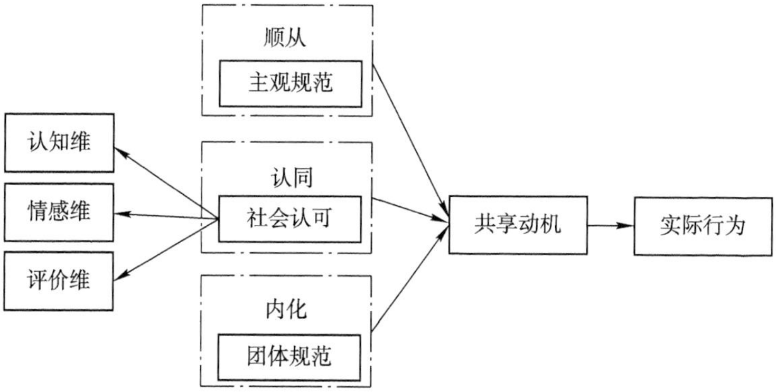

图2.9　周涛、鲁耀斌（2009）的研究模型

张鼐、周年喜（2010）[①]根据社会认知理论以及社会交换理论，将虚拟社区知识共享的影响因素归纳为：公平意识、社区归属感、开放意识、自我效能和结果预期。其中，结果预期与自我效能直接作用于知识共享行为，公平意识、社区归属感及开放意识通过知识共享意愿间接作用于知识共享行为。构建的模型如图 2.10 所示。通过对 422 份有效问卷的分析，虚拟社区的公平意识和开放意识对社区成员知识共享意愿具有显著的正向作用，自我效能和结果预期对知识共享行为具有强化作用。但社区归属感对共享意愿的作用没有通过显著性检验。

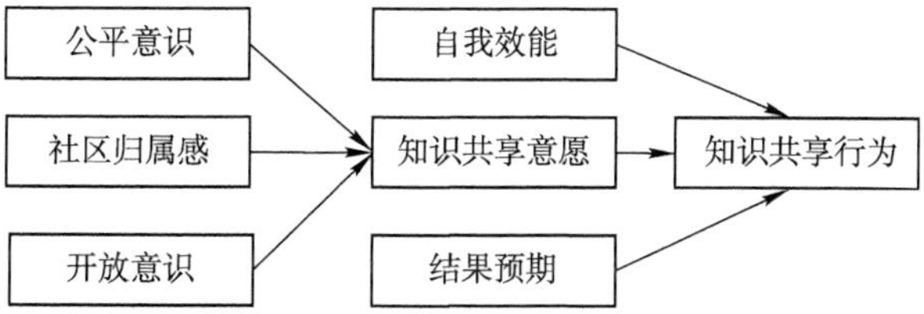

图2.10　张鼎、周年喜（2010）的研究模型

① 张鼐，周年喜 . 虚拟社区知识共享行为影响因素的实证研究 [J]，图书馆学研究，2010（11）：44-48.

王飞绒等（2008）① 基于计划行为理论，从行为态度、主体规范以及感知行为控制三个构面预测虚拟社区成员的知识共享行为。其中，行为态度包括内在激励因素、外在激励因素和已知比较水准；主体规范包括利他主义、领导方式和技术支持；感知行为控制包括学历、时间因素和团队效能。构建的模型如图 2.11 所示。通过对 ChinaASP 社区的实证分析，采用多元回归分析方法对模型变量关系进行检验，结果显示：①行为态度所包含的内在激励因素、外在激励因素和已知比较水准对知识共享行为具有显著的正向影响；②利他主义对知识共享行为存在正向的影响，而领导方式和技术支持的回归系数不显著；③学历、时间因素和团队效能三个变量对知识共享均存在正向影响。

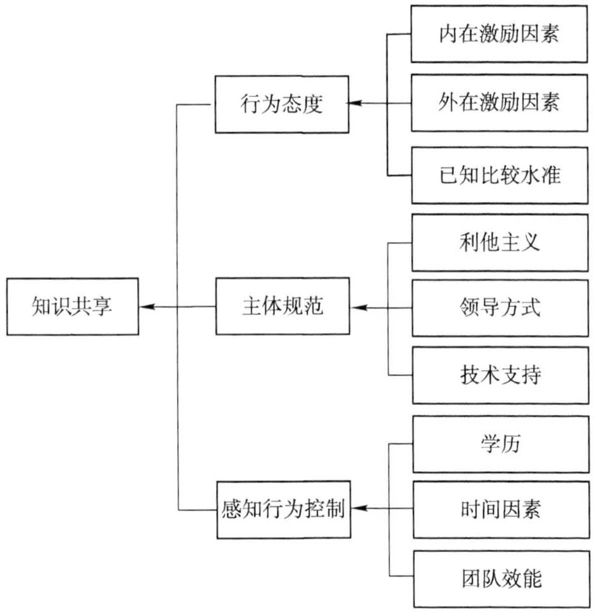

图2.11　王飞绒等（2008）的研究模型

① 王飞绒，柴晋颖，龚建立．虚拟社区知识共享影响因素的实证研究 [J]. 浙江工业大学学报（社会科学版），2008（3）：283–289.

黄谷子（2007）[①] 探讨了虚拟社区中客户知识转移的影响因素，并分析了知识转移绩效与企业创新绩效之间的关系。作者依据相关研究成果，将虚拟社区中客户知识转移的影响因素归纳为四个层面：客户知识、客户知识源、客户知识受体以及知识转移情境。具体而言，客户知识因素包括表达共同性和可表达性；客户知识源因素包括信任、互惠、归属感、社区交互联系；客户知识受体因素包括激励、吸收能力、挖掘能力；知识转移情境因素包括社区情境和相关情境。知识转移绩效则从知识转移的数量及质量两个方面来衡量。构建的模型如图 2.12 所示。经验结果分析显示：①信任、互惠、激励因素和吸收能力对客户知识转移的数量具有较强的正向作用；②表达共同性、信任、互惠、吸收能力及目标共同性对客户知识转移的质量具有较强的正向作用；③客户知识中的表达共同性对知识转移数量的影响不显著；④社区情境因素对客户知识转移的数量和质量没有显著影响。

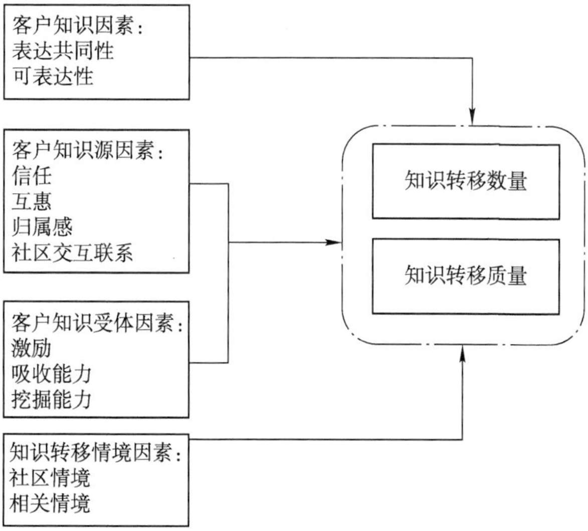

图2.12　黄谷子（2007）的研究模型

① 黄谷子 . 虚拟社区客户知识转移与企业创新绩效关系研究 [D]. 杭州：浙江大学，2007.

杨艳（2006）[①]从成就需求理论出发，探讨了虚拟社区成员特征对知识共享的影响。其中成员特征被分解为人口统计学特征和个性特征。人口统计学特征包括年龄、性别、教育程度等，个性特征包括自我效验、内在需求和内在动机（愉快、兴趣、满意）。知识共享则采用知识获取与知识贡献两个维度进行测量。同时，该模型还考虑到了社区强化因素（社会赞誉、经济强化及表现评估）对成员内在动机的影响。构建的模型如图 2.13 所示。经验研究的结果显示：①自我效验、内在需求与内在动机对知识获取与交流具有显著的正向影响；②强化机制与社区成员知识交流的内在动机存在一定的相关关系。

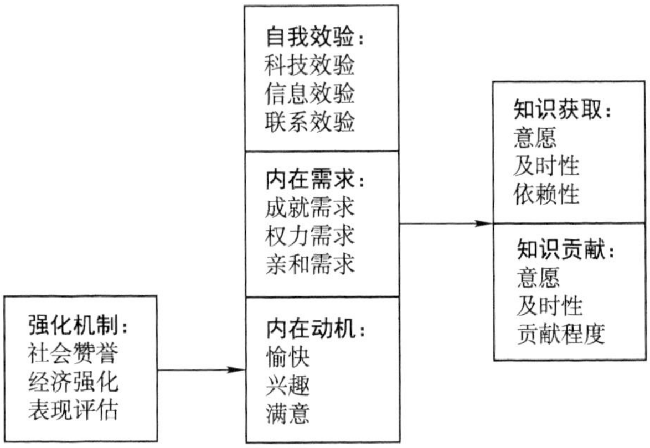

图2.13 杨艳（2006）的研究模型

王凤艳（2011）[②]主要从网站属性、社区属性以及个人内在动机三个方面分析了非交易类虚拟社区知识共享的影响因素。其中，网站属性包括网站安全性以及网站易用性；社区属性采用社区氛围进行测量，由互惠和公平两个维度构成；个人内在动机包括信任、感知自我效能以及结果预期，结果预期包括个人的结果期望以及社区的结果期望，知识共享包括知识共享行为和知识质量两个维度。构建的模型如图 2.14 所示。通过对 262 份有效问卷的数据分析，结果显示：①网站安全性对网站易用性和信任具有显著的正向影响；

① 杨艳 . 虚拟社区中的知识交流和共享行为研究 [D]. 杭州：浙江大学，2006.

② 王凤艳 . 非交易类虚拟社区知识共享影响因素实证研究 [D]. 西安：西安电子科技大学，2011.

②网站易用性对社区氛围具有显著的正向影响；③社区氛围对社区成员感知自我效能和信任具有显著的正向影响；④信任、感知自我效能以及结果预期对知识共享具有显著的正向影响。

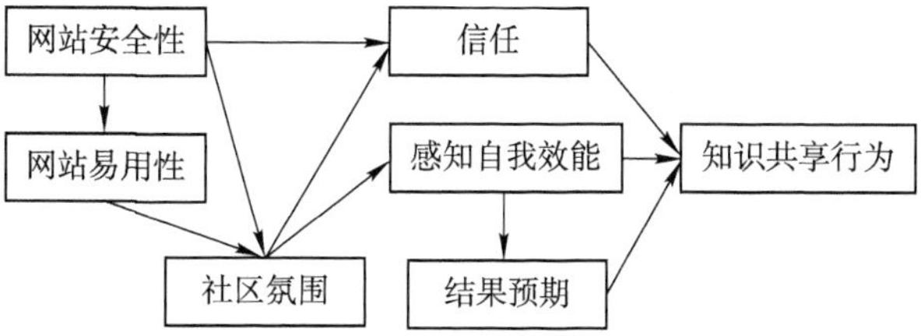

图2.14　王凤艳（2011）的研究模型

沈旭文（2011）[①] 厘清了计划行为理论的内涵及理论拓展，并修正了现有的计划行为理论，在此基础上归纳了威客模式下虚拟社区知识共享的影响因素，构建了该研究的理论模型与研究假设，如图 2.15 所示。在该模型中，以态度、规范、感知行为控制、预期后悔四个变量作为虚拟社区知识共享意向的前因变量。其中预期后悔包括预期做而后悔和预期不做而后悔，态度包括工具性态度和情感性态度，规范包括指令性规范、描述性规范和社会性规范，感知行为控制包括知识共享自我效能、特定网站常规活动自我效能、特定网站任务参与自我效能以及控制力。知识共享意向影响知识共享行为，预期后悔调节它们之间的作用。实证分析结果显示：①态度对意向的预测力最强烈，相对工具性态度而言，情感性态度作用程度更大；②指令性规范和描述性规范与知识共享意向显著相关，但指令性规范的相关性更为强烈；③感知行为控制不仅能通过行为意向间接影响行为，而且对知识共享行为具有直接的效应；④预期后悔的预测能力较微弱，但与知识共享意愿之间显著相关。

① 沈旭文 . 威客模式下虚拟社区知识共享影响因素研究 [D]. 杭州：浙江大学，2011.

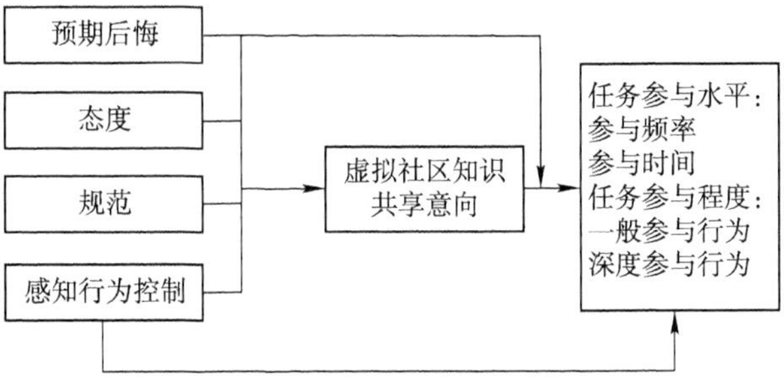

图2.15　沈旭文（2011）的研究模型

章郑（2008）[①]借鉴 Nahapiet 和 Ghoshal（1998）对社会资本的论述，从结构资本、关系资本以及认知资本三个维度探讨了虚拟社区中的网络社会资本对虚拟社区知识共享的作用机理。其中结构资本包括互动关系、中心性和等价性，关系资本包括信任、互惠和社区认可，认知资本包括共享语言和共享愿景。知识共享则从知识共享的数量以及知识共享的质量两个方面进行测量。研究结果显示，除了社区认可没有通过显著性检验外，网络社会资本的各个维度对知识共享的数量和质量具有显著的影响。

孙康（2010）[②]以实名制虚拟社区作为研究对象，分析了信任、归属感、态度以及个人动机对虚拟社区知识共享的影响，其中个人动机由内在动机（自我形象、互惠和社会联系）和外在动机（兴趣和满意）两个维度构成。知识共享行为采用问答频率和问答质量进行测量。实证分析的结果显示，信任、归属感、态度、自我形象、互惠、社会联系、兴趣和满意对知识共享行为具有显著的作用。

赵玲（2007）[③]在对虚拟社区知识共享相关研究进行梳理的基础上，将虚拟社区知识共享的影响因素归纳为环境因素和个人因素，其中环境因素包括物理环境因素和社会环境因素，个人因素包括动机、个人特征和人口统计学

① 章郑．网络社会资本对虚拟社区知识共享及创新的影响研究 [D]. 杭州：浙江大学，2008.

② 孙康．实名制虚拟社区知识共享影响因素的实证研究 [D]. 西安：西安电子科技大学，2010.

③ 赵玲．虚拟社区中的知识共享行为研究 [D]. 武汉：华中科技大学，2007.

特征，具体的影响因素见表 2.1。

表 2.1 赵玲（2007）的研究模型

环境因素	物理环境	信息维	知识的类型、感知的知识价值
		技术维	技术可靠性、感知有用性、感知易用性
		社区维	社区规模、社区类型、发展阶段、内部规则制定、提供指导帮助、线下活动、隐私和安全
	社会环境	社会资本	结构维：社会互动联系； 关系维：信任、规范、认同感； 感知维：共同语言、共同愿景
		来自他人影响	感知的回应、其他成员倾吐个人信息
		来自结果的影响	过去的成功经验
个人因素	动机	内在过程动机	帮助他人的乐趣、感知的乐趣、兴趣、满意
		实用性动机	互惠、外部奖励、编辑的投入
		基于自我概念的外部动机	自我效能、进取精神
		目标内在化	社区归属感、责任感、义务、主观规范
	个人特征		分享信息的倾向、信任倾向
	人口统计学特征		人种、性别、年龄、地域、工作经历、上网时间、学历等

左明辉（2009）① 从知识转移主体、转移情境、转移媒介以及知识特性四个构面，分析了其对社区成员转移知识的影响。其中转移主体从转移能力、自我效能和转移意愿三个方面进行测量；转移情境包括激励机制、人际关系和社区认同感；转移媒介包括媒介多样性、交流频度和媒介富裕度；知识特性通过知识复杂性来体现。实证分析的结果显示，转移意愿、转移能力、自我效能、知识复杂性对社区成员知识转移效果具有显著影响，媒介多样性、激励机制、人际关系对知识转移意愿具有显著影响，但是交流频度、媒介富裕度对转移效果的影响，以及社区认同感对转移意愿的影响没有通过显著性检验。

董晶（2008）② 将虚拟社区知识贡献的个体心理动机因素分为三个维度：

① 左明辉．虚拟社区中个体向社区知识转移影响因素的研究 [D]. 广州：华南理工大学，2009.

② 董晶．虚拟社区个体的知识贡献动机模式研究 [D]. 上海：复旦大学，2008.

内部维度、外部维度、社区维度。内部维度通过自我效能、声望/名誉/地位、乐于助人体现，外部维度通过互惠期望、成本效益体现，社区维度通过知识社区所有观、社区认同/义务/奉献来体现。构建的模型如图2.16所示。作者认为，个体心理动机内部各维度之间存在相关关系，并提出了三条重要规律，进而形成了多个模式。问卷实证分析结果显示，内部维度、外部维度以及社区维度之间存在负相关关系。

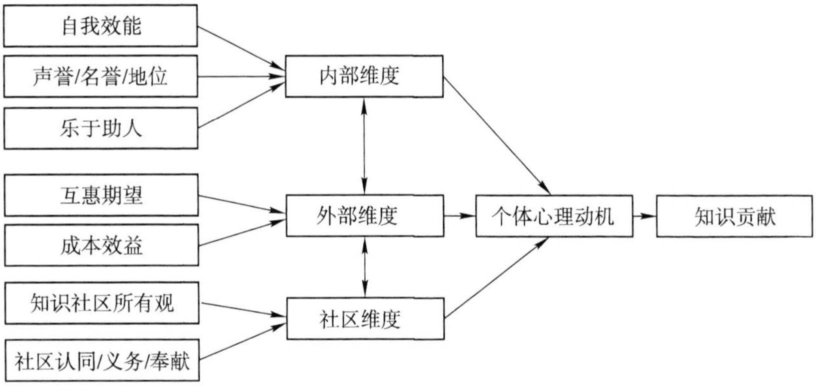

图2.16 董晶（2008）的研究模型

三、研究现状小结

从笔者对相关文献进行梳理的过程中发现，虚拟社区知识共享影响因素诸多，已有研究从不同角度和方法入手，进行了广泛深入的探讨，这为我们的后续研究奠定了理论基础。基于前文的分析，虚拟社区知识共享意愿的影响因素大致可以归纳为四类：个人因素、社区因素、社会因素和其他因素。这四类因素从不同方面考虑了虚拟社区知识共享的影响因素，其中个人因素主要关注自我的心理收益，表现为内在心理感觉和肯定，社区因素主要考虑虚拟社区的环境维度对知识共享的影响，社会因素关注社区成员所嵌入的关系、结构等因素对其知识共享意愿的影响，其他因素则包括知识特性、习惯等。

表 2.2　虚拟社区知识共享影响因素的总结

研究者	影响因素				研究方法
	个人因素	社会因素	社区因素	其他因素	
Chiu、Hsu 和 Wang（2006）	个人结果期望，社区结果期望	信任，社会互动联结，互惠规范，身份认同，共同的语言，共同的愿景			实证研究
Hsu 等（2007）	个人成果期望，社区成果期望，知识自我效能	基于经济、信息、认可的信任关系			实证研究
Sun 和 Ju（2009）	声誉，乐于助人	互惠，中心性，自我专家鉴定和参与度		个人习惯	实证研究
Wasko 和 Faraj（2005）	声誉，乐于助人	中心性，自我专家鉴定，互惠，义务			实证研究
Lin、Hung 和 Chen（2009）	感知相对优势，感知相容性，知识自我效能	互惠规范，信任			实证研究
Chang 和 Chuang（2011）	声誉，利他行为	社会互动，信任，身份，互惠，共享语言		参与者涉入度	实证研究
Chen 和 Hung（2010）	知识自我效能，感知相容性，感知相对优势	互惠规范，人际信任			实证研究
Zhang 等（2010）	心理安全感	信任，自我意识			实证研究
李志宏等（2009）	利他主义，目标承诺，关系信任，自我效能，个人的结果预期，社区的结果预期				实证研究
周涛、鲁耀斌（2009）		社会认可，团体规范，主观规范			实证研究
张鼐、周年喜（2010）	自我效能，结果预期，社区归属感		公平意识，开放意识		实证研究
王飞绒等（2008）	内在激励因素，外在激励因素，已知比较水准，利他主义		领导方式，技术支持	学历，时间因素	实证研究

续表

研究者	影响因素				研究方法
	个人因素	社会因素	社区因素	其他因素	
黄谷子（2007）	信任，互惠，归属感	社区交互联系	社区导航，技术稳定性，目标共同性	知识因素，吸收能力，挖掘能力	实证研究
杨艳（2006）	自我效验，内在需求，内在动机				规范研究
王凤艳（2011）	结果预期，感知自我效能	信任	网站安全性，网站易用性，社区氛围		实证研究
沈旭文（2011）	情感性态度，工具性态度，感知行为控制，预期做而后悔，预期不做而后悔	指令性规范，描述性规范，社会性规范			实证研究
章郑（2008）		互动关系，中心性，等价性，信任，互惠，社区认可，共同语言，共同愿景			实证研究
孙康（2010）	归属感，态度，自我形象，互惠，社会联系，兴趣，满意	信任			实证研究
赵玲（2007）	乐趣，兴趣，满意，自我效能，互惠，外部奖励，个人形象等	信任，社会互动联系，共同语言，共同愿景等	社区规模，社区类型，隐私和安全，社区有用性及易用性等	性别，年龄，知识类型等	规范研究
左明辉（2009）	自我效能	人际关系，社区认同感	激励机制，交流频度，媒介富裕度，媒介多样性知识特性	知识复杂性	实证研究
董晶（2008）	自我效能，声誉 / 名誉 / 地位，乐于助人，互惠期望，成本效益	社区认同 / 义务 / 奉献			实证研究

第三章　研究理论基础与整合

本章通过对计划行为理论、感知价值理论、期望确认理论、社会认知理论、社会资本理论等相关文献进行回顾、分析、归纳和整合，以计划行为理论为基本框架，整合了期望确认理论、社会资本理论、社会认知理论，为构建本书的模型架构打下了理论基础。

第一节　计划行为理论

一、计划行为理论的基本概念

计划行为理论（TPB）是 Ajzen（1988，1991）在原有的理性行为理论基础上提出的。理性行为理论的基本假设是人是理性的，在做出某一行为前会综合各种信息来考虑自身行为的意义和后果。该理论认为，个体的行为在某种程度上可以由行为意向合理地推断，而个体的行为意向又是由对行为的态度和主观规范决定的。理性行为理论是一个通用模型，它提出，任何因素只能通过态度和主观准则来间接地影响使用行为，这使人们对行为的合理产生有了一个清晰的认识。并且该理论有一个重要的隐含假设：个人有完全控制自己行为的能力。然而有些行为并非完全能为个人所控制，如习惯化的行为、潜意识的行为等很少考虑理性因素，而且个人行为还会受到机会、资源等外部因素的影响，因而需要引入一些控制变量及外部变量来适应研究的需要。因此，Ajzen 对理性行为理论进行修正，加入感知行为控制，提出计划行为理论。

计划行为理论对行为过程的分析包括三个阶段：①外生变量（对事物的态度、对事物的信念、人口变量、情境变量、人格特质等）影响行为态度（Attitude）、主观规范（Subjective Norm）和知觉行为控制（Perceived Behavior Control）；②行为态度、主观规范以及知觉行为控制影响行为意图（Behavior Intension）；③行为取决于个人的行为意图。该模型主要包含五个要素，见图 3.1。具体阐述如下。

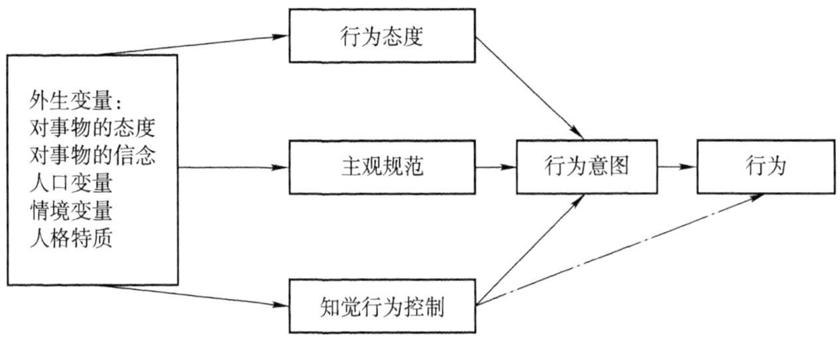

图3.1　计划行为理论模型

行为态度指个人对该项行为所抱持的正面或负面的感觉，是由行为信念和结果评价加权后的乘积函数总和，亦即由个人对此特定行为的评价经过概念化之后所形成的态度。Ajzen（1988）指出，行为态度对行为意图具有直接的影响，个人对行为的态度越正向，那么行为意图就会越强烈；反之，如果个人对行为的态度越负面，那么行为意图就会越低。

主观规范是指个人对于采取某种行为感受到的社会压力，亦即个人的行为决策会受到他参考的个人或团队的影响。个人执行特定行为所感受到的压力越大，即表示行为主观规范越高，那么行为意图就会越高；反之，个人执行特定行为所感受的压力越小，即表示主观规范越低，则行为意图越低。

知觉行为控制代表一个人对可控制行为的执行程度，指反映个人过去的经验和预期的阻碍，知觉行为控制的强度取决于两个因素：机会和自愿，即当个人认为自己所掌握的资源与机会越多、所预期的阻碍越少，则知觉行为控制就越强。换言之，知觉行为控制反映了个人执行某种行为感受的容易或困难的程度。知觉行为控制越高，则行为意图越高；反之，知觉行为控制越低，则行为意图越低。

行为意图指个人对于采取某项特定行为的主观概率的判定，反映了个人对于某项特定行为的采取意愿。行为意图与行为之间存在高度相关，行为意图越强烈，意味着他采取行为的可能性越大。

行为指个人实际采取行动的行为。

二、计划行为理论的相关研究

计划行为理论自被提出以来，被广泛应用到个人决策及行为领域，许多学者在计划行为理论的基础上不断地进行扩展和深化，证实了计划行为理论预测人类行为方面的有效性（Pelling 和 White，2009；Chatzisarantis、Hagger 和 Brickell，2008；Venkatesh、Morris 和 Ackerman，2000；Chih-Chung 和 Chang，2005；Han、Hsu 和 Sheu，2010；Morris 和 Venkatesh，2000；Fusilier 和 Durlabhji，2005）。如 Pelling 和 White（2009）利用计划行为理论预测了年轻用户对社交网络站点的使用行为。该研究以 17~24 岁的年轻用户作为研究对象，在原有计划行为理论的基础上进行了拓展，引入了自我身份和归属感两个变量。通过对 233 名用户的数据进行分析，表明该模型在预测年轻用户社交网站使用行为时具有很好的解释效力[①]。Chatzisarantis、Hagger 和 Brickell

① Pelling E L, White K M. The Theory of Planned Behavior Applied to Young People's Use of Social Networking Web Sites [J]. Cyber Psychology & Behavior, 2009, 12（6）: 755-759.

（2008）对计划行为理论进行了扩展，加入了自主性支持（Perceived Autonomy Support）变量，考察其对参与体育活动意愿的影响。对235份样本数据的分析显示，自主性支持变量通过态度和意愿间接影响参与行为①。Guo等（2007）整合了理性行为理论与计划行为理论，分析了中国青年人的吸烟行为。对14434名中学生和高校生的样本分析证实了理性行为理论和计划行为理论在预测中国青年人吸烟行为方面的适用性②。Hsu等（2006）在计划行为理论基础上，整合了期望证实理论，加入了不确认和满意两个变量，构建了结构方程模型，预测消费者在线持续购买行为。通过两个阶段的纵向研究表明，扩展后的计划行为理论具有很好的解释效度③。

在国内，许多学者也验证了计划行为理论的有效性。张进美等（2011）以计划行为理论作为指导，分析了居民的慈善捐赠态度、知觉行为控制等因素对捐赠行为意向和行为的影响。研究发现，捐赠行为意向受知觉行为控制的影响最为显著，其次分别受到主观规范和态度的影响；慈善捐赠行为意向决定捐赠行为④。曾武灵、汪克夷等（2011）构建了基于计划行为理论和顾客满意理论的滨海生态旅游区游客重游意愿的理论模型。实证分析的结果表明，游客满意、态度、主观规范、感知行为控制、景区形象以及过去行为是影响游客重游意愿的重要因素；同时，过去行为、服务品质通过游客满意和态度，景区形象、滨海生态旅游认知通过态度间接影响游客重游意愿⑤。李蒙翔

---

① Chatzisarantis N L D, Hagger M S, Brickell T. Using the Construct of Perceived Autonomy Support to Understand Social Influence Within the Theory of Planned Behavior [J]. Psychology of Sport and Exercise, 2008, 9（1）: 27-44.

② Guo Q, Johnson C A, Unger J B, et al. Utility of the Theory of Reasoned Cction and Theory of Planned Behavior for Predicting Chinese Adolescent Smoking [J]. Addictive Behaviors, 2007, 32（5）: 1066-1081.

③ Hsu M H, Yen C H, Chiu C M, et al. A longitudinal Investigation of Continued Online Shopping Behavior: An Extension of the Theory of Planned Behavior [J]. International Journal of Human-Computer Studies, 2006, 64（9）: 889-904.

④ 张进美，刘天翠，刘武．基于计划行为理论的公民慈善捐赠行为影响因素分析——以辽宁省数据为例 [J]. 软科学，2011（8）：71-77.

⑤ 曾武灵，汪克夷，李珊珊．游客重游意愿的决定规划：基于滨海生态旅游区的实证研究 [J]. 管理评论，2011（3）：90-97.

等（2010）运用计划行为理论分析了消费者对移动即时通信服务持续使用意向的意向因素。对401份问卷数据的分析表明，态度与感知行为控制正向相关，互惠与感知行为控制正向相关，技术复杂度、感知有用性以及网络外部性正向作用于态度[①]。夏火松、王瑞新（2010）在计划行为理论基础上，探讨了百度词条属性与知识共享意愿之间的关系，其中百度词条属性包括词条内容、词条数量、词条形式和词条时间四个构面。研究发现，词条内容正向作用于态度；词条数量对主观规范，词条形式和词条时间对感知行为控制具有显著正向影响；态度、主观规范和行为控制对知识共享意愿的影响皆通过了显著性检验[②]。

第二节 感知价值理论

一、感知价值的基本概念

感知价值是一个复杂的概念，在不同情境下具有不同的内涵。由于其内涵的丰富性及固有的主观性和动态性，学者们对感知价值的描述也不尽相同。已有研究集中在消费者购物过程中的感知价值理论与结果分析。基于对国内外相关文献的研究和整理，对感知价值的理解大致可以被分为两类：理性观点和经验观点。较早的文献侧重以理性观点来理解顾客价值，认为消费者是理性的，强调产品是具体属性的表现，视产品为解决问题和达到消费目标的方法，追求效用的最大化和偏好性。但理性观点不适用于那些消费过程本身涉及感官愉悦、美感享受和情绪反应等的产品或服务。对于这些产品或服务的选择和使用，消费者既重视理性观点下的效用极大化，又重视整个消费体

① 李蒙翔，顾睿，尚小文，等．移动即时通讯服务持续使用意向影响因素研究 [J]. 管理科学，2010（5）：72–83.

② 夏火松，王瑞新．百度百科词条特性对知识共享意愿影响的实证研究 [J]，科学学研究，2010（12）：1877–1883.

验，其价值的体现应以经验角度来考察。随着研究的深入，从经验视角理解感知价值逐渐受到学者们的关注。经验观点将消费视为一种纯粹主观的意识形态，伴随着变化多样的象征意义、享乐反应和美感准则，注重消费过程中的主观感受。无论是理性观点还是经验观点，都为我们较为全面深刻地阐释感知价值奠定了理论基础。表 3.1 是国外各学者对感知价值的描述。

表 3.1　国外感知价值定义汇总表

理论观点	学者	感知价值定义
理性观点	Zeithaml（1988）	感知价值是消费者基于感知利得与感知利失而形成的对产品效用的总体评价
理性观点	Day（1994）	顾客价值是感知的利益与感知成本间的差异
理性观点	Monroe（1990）	感知价值是购买者的价值感知，代表产品的感知质量或感知利得与产品价格的感知利失的权衡
理性观点	Gale（1994）	感知价值是顾客将市场知觉质量，对应产品或服务所付出的相对价格，和竞争者之产品或服务相比较的结果
理性观点	Chen 和 Dubinsky（2003）	感知价值是顾客为获得期望利益相较于交换中带来的成本所知觉获得的净利益
理性观点	Kotler（1997）	感知价值是指从拥有和使用某种产品中所获得的价值与为取得该产品所付出的成本之差，并定义其函数为：顾客传送价值 = 整体顾客价值 – 整体顾客成本
理性观点	Bolton 和 Drew（1991）	顾客感知价值就是顾客在效用的基础上作出的整体性评价，主要衡量其所获得的利益与所付出的成本
感性观点	Holbrook（1999）	消费者感知价值应该注重产品与服务产生价值的消费体验，强调通过产品的使用和选择来满足自我情感上的需求和欲望
感性观点	Woodruff 和 Gardial（1996）	顾客价值是对于他们预期结果的知觉，经使用产品或服务以达到渴望的目的
感性观点	Wyner（1998）	顾客价值是由产品本身或非产品的相关印象或经验产生，而且在过去已实现或在未来将实现
理性观点、感性观点	Chandon 等（2000）	感知价值不仅包括功利主义价值，还包括享乐主义价值。功利主义价值主要是帮助消费者追求最大化效益，节省金钱、时间等成本；而享乐主义价值注重内在刺激、娱乐以及自我尊重等

二、感知价值的构成维度

早期研究中，学者们多从单一维度去测量感知价值，随着研究的发展，越来越多的学者认为感知价值是一个多维度的概念，采用单一构面来测量感知价值是不合理的。本节对感知价值的多维度进行回顾，为测量虚拟社区知识共享价值提供一定的线索。

Park 等（1986）将消费者的需求分为体验性需求、功能性需求以及象征性需求，这为感知价值维度的分析提供了最基本的理论基础。①体验性需求，指消费者感官愉悦、多样性以及认知上刺激的需求。②功能性需求，指消费者解决实际问题的需求。③象征性需求，指对社会关系与自我实现的需求。

Monroe（1990），Dodds、Monroe 和 Grewal（1991），Grewal、Monroe 和 Krishnan（1998）认为，感知价值包含获得价值与交易价值。获得价值定义为产品或服务的感知净获利，交易价值指消费行为获得的愉悦感知和心理满意度。

Sheth 等（1991）认为，消费者价值包括功能性价值、情绪性价值、社会性价值、知识性价值和条件性价值。功能性价值指消费者对产品或服务的绩效表现、实用功能及解决问题等方面的认知；情绪性价值指产品或服务使用过程中消费者情绪或情感的认知；社会性价值指来自消费者周围朋友或社会大众的压力，使消费者对该项产品或服务社会现象产生的认知；知识性价值指通过购买产品或服务来满足消费者的好奇心、新鲜感和求知欲；条件性价值指不同情境下消费者对产品或服务价值感知的差异。

Gillmore（1991）以顾客参与和环境因素为两大坐标，将感知价值分为娱乐的价值、教育的价值、美学的价值以及逃避现实的价值。

Babin 等（1994）提出的个体购买价值（Personal Shoping Values）包含功利主义价值和享乐主义价值。功利主义价值是由于消费需求的刺激促成购买的达成；享乐主义价值较为主观且个人，强调消费者潜在的娱乐与情感方面的价值。

Roger（1997）将感知价值划分为经济利益、感知利益和情感利益三个层面。经济利益指消费者对产品或服务的价格及成本感知；感知利益指消费者感知的产品或服务的效用；情感利益指无形资产衡量的利益。

Ruyte、Jose 和 Paseal（1997）提出的价值模式包含外部价值、内部价值与系统价值三个层面。外部价值着重对事件和过程的功能性与实用性认知，强调消费者能否获取正确的服务结果；内部价值强调服务过程中消费者情绪上的价值；系统价值指消费者对所获得收益与所承受的牺牲之间抵换关系的认知。

Holbrook（1999）认为，顾客价值应从自我导向价值和他人导向价值、内在价值和外在价值、主动的价值和被动的价值三个层面来划分，并将顾客价值细分为“效率”“卓越”“地位”“尊敬”“娱乐”“美感”“道德”和“心灵”八类。

Olive（1999）将消费者感知价值分为品质价值、感受绩效和成本价值三部分。品质价值是指消费者对产品品牌价值的认知与比较；感受绩效指消费者消费过程中对消费产品的感受；成本价值则指消费者感受到的产品和服务的效用。

Chandon、Wansink 和 Laurent（2000）认为，产品或服务的利益表现为功能主义和快乐主义。功能主义强调消费者利益的最大化，帮助消费者节省成本、时间、精力等；快乐主义注重消费者的体验价值，如自我尊重、内在刺激、娱乐等。

Sweeney 和 Soutar（2001）认为，顾客价值可以分成四类：情绪价值、社会价值、功能性价值（价格）、功能性价值（质量），在内涵上与 Holbrook（1999）的定义相类似。

Lusi 和 Joana（2005）认为，消费者感知价值包括社会识别价值、社会结合价值与舒适生活价值。社会识别价值强调产品或服务给消费者带来的地位、形象、认同等价值；社会结合价值注重消费行为给客户带来良好的社会关系、友谊等；舒适生活价值指消费行为给用户带来情绪上的感受，如愉悦、舒服、安全和谐、生活平静等。

Holbrook（2006）将感知价值分为经济价值、享乐价值、社会价值和利他价值。其中经济价值强调效率和卓越，享乐价值由消费体验中的愉悦或者审美享受而产生，社会价值着重于对消费者地位或形象的提升，利他价值是消费者道德或伦理上的实践活动。

Smith 和 Colgate（2007）对以往文献进行总结，将顾客价值分为：功能/工具价值、体验/享乐价值、象征/表现价值、成本/牺牲价值。

通过上述文献的回顾，总结感知价值维度见表 3.2。

表 3.2　感知价值的多重维度

学者	感知价值维度
Monroe（1990），Dodds、Monroe 和 Grewal（1991），Grewal、Monroe 和 krishnan（1998）	获得价值、交易价值
Sheth 等（1991）	功能性价值、情绪性价值、社会性价值、知识性价值和条件性价值
Gillmore（1991）	娱乐的价值、教育的价值、美学的价值、逃避现实的价值
Babin 等（1994）	功利主义价值、享乐主义价值
Roger（1997）	经济利益、感知利益、情感利益
Ruyte、Jose 和 Paseal（1997）	外部价值、内部价值、系统价值
Holbrook（1999）	“效率”“卓越”“地位”“尊敬”“娱乐”“美感”“道德”“心灵”
Olive（1999）	品质价值、感受绩效、成本价值
Chandon、Wansink 和 Laurent（2000）	功能主义、快乐主义
Sweeney 和 Soutar（2001）	情绪价值、社会价值、功能性价值（价格）、功能性价值（质量）
Methwick 等（2002）	趣味性价值、美感吸引力价值、投资回报率价值和服务卓越价值
Lusi 和 Joana（2005）	社会识别价值、社会结合价值、舒适生活价值
Holbrook（2006）	经济价值、享乐价值、社会价值、利他价值
Smith 和 Colgate（2007）	功能/工具价值、体验/享乐价值、象征/表现价值、成本/牺牲价值

三、感知价值对消费者行为的影响

已有研究不仅分析了感知价值的作用机理，还探索了影响感知价值的前因变量。较具代表性的研究如 Fornell 等（1996）提出的美国顾客满意度指数（ACSI）模型中，包括三个前因变量和两个结果变量，其中顾客期望和感知质量共同决定感知价值，并通过中介变量感知价值影响顾客满意，顾客满意影响顾客忠诚和顾客抱怨行为[①]。Zeithaml（1988）在消费者购买行为研究模型中加入感知价值变量，将感知价值作为中介变量调节质量与消费者行为之间的关系，研究发现，消费者购买行为取决于消费者感知价值[②]。Wu 和 Hsing（2006）分析了感知利失、感知价值与消费者购买行为之间的关系，实证分析结果表明，感知价值对消费者购买行为具有显著的正向影响[③]。Hellier 等（2003）引入了顾客参考、感知价值、品牌认知等七个变量构建了消费者重复购买的结构方程模型，通过对保险公司客户的调查分析发现，感知质量通过感知价值影响客户满意度，感知价值对顾客满意和品牌感知具有显著的正向作用，而顾客满意对购买倾向的影响只是相对显著[④]。Lee、Yoon 和 Lee（2007）则将感知价值分为功能价值、情感价值和整体价值，探讨了感知价值三维度对满意度及推荐意愿的影响，实证分析的结果显示，功能价值、情感价值、整体价值与顾客满意显著正相关[⑤]。上述文献表明，感知价值不仅对消费者的购买意愿具有直接影响，还通过顾客忠诚、满意度等变量间接影响消

---

① Fornell C, Johnson M D, Anderson E W, et al. The American Customer Satisfaction Index: Nature, Purpose, and Findings [J]. The Journal of Marketing, 1996: 7–18.

② Zeithaml V A. Consumer Perceptions of Price, Quality, and Value: A Means–End Model and Synthesis of Evidence [J]. The Journal of Marketing, 1988: 2–22.

③ Wu C, Hsing S S. Less is More: How Scarcity Influences Consumers' Value Perceptions and Purchase Intents Through Mediating Variables [J]. Journal of American Academy of Business, 2006, 9（2）: 125–132.

④ Hellier P K, Geursen G M, Carr R A, et al. Customer Repurchase Intention: A General Structural Equation Model [J]. European Journal of Marketing, 2003, 37（11/12）: 1762–1800.

⑤ Lee C K, Yoon Y S, Lee S K. Investigating the Relationships among Perceived Value, Satisfaction, and Recommendations: The Case of the Korean DMZ [J]. Tourism Management, 2007, 28（1）: 204–214.

费者购买行为。

四、虚拟社区知识共享行为感知价值

（一）知识共享行为感知价值的概念界定

价值是人类接触客观世界而逐渐形成的一种主观上的认知，在营销学、管理学等学科领域，对该概念的探讨主要集中在消费者行为学、客户关系管理等方面。如 Taylor（1961）将价值定义为“某些主体对于某些标的物的评价”，其中主体主要指的是消费者，标的物指的是购买的产品或者服务，所以价值可以理解为消费者对产品或服务的认知评价。Rokaech（1973）认为价值是一种持久性的信念，它是人类产生某种行为或意愿的内在驱动力，正面的价值信念会促使行为的产生，而负面的价值信念则会阻碍行为。还有一种最为朴素的理解，认为价值是“获得”与“付出”的比较，获得是消费者购买某项产品或服务所感受到的效用，付出是购买此项产品所付出的价格或牺牲。

尽管对价值的理解有不同的描述，但是对价值的本质认识是一致的：①价值是主体的主观认知和评价；②价值可以有效预测行为。通过前文对感知价值的概念及维度分析的研究的回顾与总结，本书将知识共享行为感知价值定义为虚拟社区成员对知识共享活动形成的价值的主观认知和综合评价。已有对消费感知价值的研究认为，顾客感知价值主要来源于两方面：一是产品本身，二是产品购买的情境。借鉴此类划分标准，结合本书具体情境，本书认为知识共享行为的感知价值不仅包括知识共享行为结果带来的价值，还应包括知识共享行为过程中行为主体体验到的价值。鉴于此，本书将虚拟社区成员知识共享行为感知价值定义为虚拟社区成员对知识共享活动中形成的价值的主观认知和综合评价。

（二）虚拟社区感知价值维度——基于扎根理论的分析

对价值的追求是行为意愿产生的前提，也可以理解为是行为发生的动因。前文对虚拟社区知识共享动力因素的总结和归纳，为我们分析知识共享行为的感知价值维度提供了理论基础。但由于研究对象和研究背景不同，本书只能有选择性地借鉴和吸收。为此，本书根据前述对知识共享影响因素的总结，制定了访谈提纲，采取扎根理论（Ground Theory）分析、挖掘虚拟社区感知价值的结构维度。

1. 研究方法

由于本书旨在了解虚拟社区成员知识共享行为的深层次价值归因，且目前国内外对此还没有成熟的理论假设和相关研究，量化研究方法不太可行，因此我们采用质化研究方法，主要采用扎根理论这种探索性研究技术。扎根理论方法最早出现在社会学家格拉泽和施特劳斯的合作中，他们在建构关于死亡过程的分析时，形成了系统的方法论策略。1967 年，格拉泽和施特劳斯在著作《扎根理论的发现》中第一次提出了这些策略，提倡在基于数据的研究中发展理论，而不是从已有的理论中演绎可验证性的假设。扎根理论实践的规定成分包括：从资料中产生概念，对资料进行逐级登录；不断地对资料和概念进行比较，系统地询问与概念有关的生成性理论问题；发展理论性概念，建立概念与概念之间的联系；理论性抽样，系统地对资料进行编码；建构理论，力求获得理论概念的密度、变异度和高度的整合性。扎根理论方法的研究过程可以简化为资料收集和编码两个过程，其中对资料进行编码是非常重要的一个步骤，包括开放编码、主轴编码以及选择编码。本书在资料整理和逐级编码的过程中使用 NVivo 8 定性软件进行辅助分析。

2. 资料收集

与其他调查方法相比，访谈法可以获得更加丰富的资料，实行起来更加灵活，且有利于对问题进行更深入的探索。根据研究目的，本书采用个人深度访谈和焦点小组访谈相结合的形式。深度访谈可以发挥访谈双方的主动性和创造性，给受访者留有相对充分的思考和表达余地，访谈者还可以细致地观察受访者的外部表情和内在心理；焦点小组访谈则通过主持人的引导实现各受访者之间充分讨论、相互启发、互动刺激，在发散状态的思维模式下更全面地揭示社区成员知识共享的内在机理。考虑到本书的研究对象是虚拟社区成员的知识共享感知价值，只有经常“贡献”知识的社区成员才对这种行为具备较为深刻的认识，经过一番挑选，笔者最终选取了29名资深社区成员作为访谈对象（受访者的统计资料如表3.3所示）。其中一对一的深度访谈进行了17人次，每次访谈时间30~40分钟；焦点小组访谈共进行了4组（每组3人次），每次访谈时间约1小时。访谈时，我们征得受访者同意，对访谈进行了录音，并在访谈结束后对录音资料进行了整理，完成了访谈记录和备忘录。由于话题较为轻松，受访对象积极配合，整个访谈过程达到了数据获取的目的。

表3.3　受访者统计资料一览表

指标	类型	人数（人）	占比（%）
性别	男	13	45
	女	16	55
年龄	20岁以下	4	14
	21~25岁	10	34
	26~30岁	5	17
	31~40岁	7	24
	40岁以上	3	11
学历	本科	17	60
	硕士	6	20
	博士	6	20
职业	在校学生	15	52
	教师	4	14
	企事业单位管理者	10	34

3. 研究过程

资料收集结束之后，需要对数据进行质性编码。质性编码是对数据内容进行定义的过程，是分析的第一步。通过编码可以定义数据所发生的情况，反复思考它们的意义。扎根理论编码包括两个主要阶段：一是初始阶段，包括为数据的每个词、句子或片段命名；二是聚焦和选择阶段，使用最重要的或出现最频繁的初始代码对大部分数据进行分类、综合、整合和组织。

在初始阶段，为了挖掘虚拟社区成员知识共享的深层次原因，我们对收集的资料进行了整理。首先将访谈者回答较为简单的内容予以排除；其次将访谈者回答过于模糊不清的内容予以排除；再次将访谈者没有回答的予以排除；最后对有效的访谈内容进行了开放式编码。通过质性分析软件 NVivo 8 进行逐句逐行的编码，初步得到 252 个自由节点。在访谈过程中，受访者在许多方面的心理感受是相同的，所以这 252 个自由节点中有许多是重复的概念。在整个过程中力求以开放的方式对数据进行不断比较，通过对这些节点进行初步的归类合并，将同类重复的观点放到同一个节点下；最后归类为 13 个节点，分别为：获取社区红包奖励、提高社区等级、很愉快、很有趣、很兴奋、结交新的朋友、赢得尊敬、受到赞赏、获取成就感、一种义务、赢得声望、提升形象、助人为乐。

在聚焦和选择阶段，将开放式编码中被分割的资料，通过类聚分析，在不同范畴之间建立关联。在建立关联时，依据一定的线索，分析各个范畴在概念层次上是否存在潜在联结关系。通过不断地比较分析，并按归类时不重复、不遗漏的原则进行合并，直到不再有同类项，并利用树节点将它们联系起来，最终将虚拟社区成员知识共享感知价值归纳为 4 个维度（见表 3.4）。

表 3.4　虚拟社区知识共享感知价值实际维度

主范畴	范畴	参考点
实用价值	获取社区红包奖励	26
	提高社区等级	22
情感价值	很愉快	18
	很有趣	14
	很兴奋	16
社会价值	赢得声望	16
	结交新的朋友	18
	赢得尊敬	15
	获取成就感	17

续表

主范畴	范畴	参考点
社会价值	提升形象	14
	受到赞赏	16
利他价值	助人为乐	16
	一种义务	14

4. 结果分析

参考点是访谈内容中形成的观点意义上的一句话或一个词，参考点越多，说明具有该观点的人越多。从表 3.4 中可以看出，所有范畴的覆盖率之和达到 88.09%，基本覆盖了所有的访谈内容。通过扎根理论对虚拟社区知识共享感知价值的质性研究，本书认定虚拟社区知识共享感知价值包括 4 个维度：实用价值，情感价值，社会价值以及利他价值。

首先是实用价值。实用价值侧重行为的利得与损失权衡。结合本书的情境，笔者认为，实用价值是虚拟社区成员对知识共享行为“收益”与“牺牲”的总体感知。收益指的是社区管理者或者其他成员给予的奖励，包括在线货币、积分、等级等，牺牲则指社区成员为知识共享行为所付出的时间、精力等成本。

其次是情感价值。情感价值的内涵在营销学领域有较多的阐述，如 Sheth、Newman 和 Gross（1991）认为，情感价值是产品能够唤起人们的情感状态的属性，与经济价值、效用价值等外在动因相比，情感价值更注重内在的情感动机。而一些学者则强调客户的享乐价值（Klein 和 Ford，2003；Holbrook 和 Hirschman，1982；Chandon、Wansink 和 Laurent，2000），认为享乐价值是非工具性的、体验的、情感的，与产品或者服务的无形属性相关。笔者认为，情感价值是指社区成员通过知识共享活动所触发的某些情绪，如高兴、愉快、轻松、满足等。

再次是社会价值。社会价值的内涵相对比较丰富。Lusi 和 Joana（2005）将消费者感知价值分为社会识别价值、社会结合价值与舒适生活价值。其中社会识别价值强调产品或服务给消费者带来的地位、形象、认同等价值；社会结合价值注重消费行为给客户带来良好的社会关系、友谊等。Holbrook（2006）则强调，社会价值是对消费者地位或形象的提升。Sweeney 和 Soutar（2001）认为，社会价值是产品能够加强社会范畴内的自我概念的能力。结合本书情境，笔者认为，社会价值是社区成员对知识共享行为在社区生活中自我强化能力的感知，具体而言，包括社区成员地位的提高、声誉的提升、人际关系的改善等内容。

最后是利他价值。利他行为是人类一种普遍存在的行为。Wilson（1975）将利他行为定义为"为别人的利益而做出的自我毁灭的行为"。Piliavin（1990）认为，利他行为是"出于对别人而非自己需要的考虑而采取的行为"。Holbrook（2006）将利他价值定义为表现在"投入美德就是对自己的奖赏"的道德上的实践活动。结合虚拟社区知识共享情境，笔者认为，利他价值表现为社区成员出于道德考虑而进行知识共享活动的一种义务行为。

第三节　期望确认理论

一、期望确认理论的基本概念

期望确认理论（Expectation-Confirmation Theory, ECT）源于消费者行为学，由学者 Oliver（1980）提出，其主要概念是通过消费者的购前期望（Expectation）与购后感知绩效（Perceived Performance）的比较结果（Confirmation），判断是否对产品和服务满意（Satisfaction）。根据 Oliver（1980）的观点，期望确认理论假设消费者产生再次购买意愿是一个包含五个步骤的过程作用之后产生的结果。第一，消费者对即将购买的产品或者服务会形成一个初始的期望，该期望会影响消费者对产品或者服务的态度以及购买倾向。第二，消费者购买并使用该项产品和服务，经过一段时间的体验，会对该产品或者服务的绩效形成一定的感知。第三，基于对消费者初始期望和感知绩效的比较，来确定他们确认的程度。确认程度有三种情况：感知绩效超过初始预期即产生正面的不确认，感知绩效接近于初始预期即产生验证，感知绩效小于初始预期即产生负面的不确认。第四，基于消费者对确认的感知，决定消费者对产品和服务的满意度水平。正面的不确认会提高消费者满意度水平，负面的不确认则会使满意度水平降低。第五，高满意度水平的消费者会形成再次购买或使用的意愿，低满意度水平的消费者则不会继续使用。该理论的主要框架及相关性如图 3.2 所示[①]。

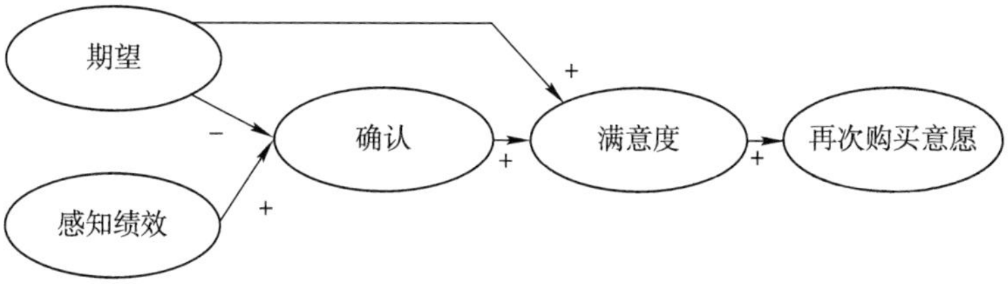

图3.2　期望确认模型

由期望确认模型的构架图可以看出，期望和感知绩效影响确认因素，确认和期望共同影响消费者的满意度，而满意度会最终影响消费者再次购买的意愿。具体说明如下。

（一）期望

在较早的研究中，各学者对期望的理解不同。Sheth（1969）在其著作中认为期望是消费者对产品或服务功效的一种期待。Howard 和 Sheth（1974）将期望理解为消费者消费之前产生的一种情感认知[②]。Miller（1977）认为期望包括有理想的、预期的、应该的和最低容忍的四种类型。其中理想的指消费者所想要的最佳绩效水平，代表对产品或服务所要达到的最佳标准；预期的指

① Oliver R L. A Cognitive Model of the Antecedents and Consequences of Satisfaction Decisions [J]. Journal of Marketing Research, 1980: 460-469.

② Howard J A, Sheth J N. The Theory of Buyer Behavior [J]. Journal of the American Statistical Association, 1969.

消费者以过去的平均绩效表现作为基准，对产品或服务绩效表现的主观估计；应该的指消费者认为产品或者服务应该达成的水平；最低容忍的指消费者可以接受的最低绩效水平。Oliver（1980）在提出期望确认理论时，将期望定义为对事件发生的可能性判断以及对该事件的评估，并依据该概念将期望分为高度期望和低度期望两种。高度期望是指希望发生的事件发生、希望不发生的事件不发生，而低度期望是指希望发生的事件不发生、不希望发生的事件发生。Spreng 等（1996）将期望定义为未来某个阶段关于产品属性和绩效的信念。尽管对期望的理解有所差异，但期望在消费者心理行为预测等领域却得到了较多学者的关注和重视。

（二）感知绩效

感知绩效是指消费者在体验产品或者服务的过程中，能够感受到的产品或者服务满足其需要的表现水平。在期望确认理论模型中，感知绩效是期望与之比较的参考点，用以评价和度量的确认程度。如果感知绩效超过消费者的期望，则会产生正向的确认；如果感知绩效低于消费者的期望，则会产生负向的确认；不同方向的确认决定着消费者满意度的大小。在早期相关研究中，对作为比较标准的期望的研究很多，而多数研究忽视了绩效对消费者满意度的直接影响（Swan 和 Trawiek，1980；Westbrook 和 Reilly，1987；Woodruff 和 Jenkin，1987；Bearden 和 Teel，1983；Oliver，1980；Woodruff 和 Jenkin，1987）。Churchill Jr 和 Surprenant（1982）将感知绩效引入满意模型中，考察了感知绩效对客户满意度的影响，结果发现，除了期望和不一致对满意具有重要影响外，感知的产品绩效同样对客户满意形成具有重要影响。Tse 和 Wilton（1988）比较了期望、感知绩效、主观差距以及期望和绩效相减后的差距四个变量对满意的影响，分析结果显示，感知绩效对消费者满意度的差异具有较强的解释力（解释了满意 65% 的方差），后续的研究（Oliver 和 De Sarbo，1988；Anderson 和 Sullivan，1993；Anderson 和 Lehmann，1994）进一步证实了该结论的有效性。

（三）确认

根据 Olive（1977）的观点，人们对一切人、事或物都会产生期望，等到真正接触之后则会形成一定的认知判断，并将这种认知与之前的期望进行比较，这种比较的行为就被称作确认。在期望理论模型中，确认被认为是决定满意度的唯一因素，而感知绩效和期望共同决定确认。从确认的概念中可以看出，确认是由认知判断与期望之间的差距而来，可能会产生三种不同的结果：负向不确认、确认和正向不确认。负向不确认是指用户接触产品或者服务之后，产品或者服务的感知绩效低于用户的期望；正向不确认是指用户接触产品或者服务之后，产品或者服务的感知绩效高于用户的期望；确认是用户的感知绩效与之前的期望正好相等的一种状态。确认的概念化可以分为三种：客观确认（Objective Confirmation）、推论确认（Inferred Confirmation）和知觉确认（Perceived Confirmation）。客观确认是预期与产品绩效间的客观性差异，亦即客观的绩效表现与预期间的差异；推论确认由预期与绩效表现的差距而来，所以推论确认是研究者从消费者购前与购后的反应推论而得，其计算概念可以是整体绩效水平，或是某一特定产品属性的绩效标准；知觉确认是消费者主观评估的绩效表现与比较基准的差异，此评估的直接感受中包括了心理因素，其测量问题常是绩效表现与预期接受的程度，测量尺度常用“比预期的好”或者“比预期的差”。

（四）满意度

消费者满意度一直是市场营销学关注的热点问题，因为它能够为企业带来市场竞争优势和更高的市场份额，满意度还被认为是消费者重复性购买、顾客忠诚和口碑效应的重要决定因素（Fornell，1992；Bearden 和 Teel，1983）。对于满意度的概念，学者们从不同角度提出了多种理解和认识。Howard 和 Sherh（1969）认为满意是通过评估付出的代价与获得的收益而形成的心理状态。随后，Hunt（1977）定义满意为基于经验和评估而产生的心理感知。Oliver（1980）认为满意度是一种概况的心理状态，发生于情感，围绕不确认的期望和消费之前有关消费经验的感觉。Churchill Jr 和 Surprenant（1982）认为，满意是对预期回报与实际投入进行比较分析所产生的一种心理状态。Oliver（1981）则整合生活满意、工作满足以及顾客满意等研究领域的观点，认为满意是初始标准与来自初始参考点的知觉、差距的函数。从中可以看出，大部分学者强调的是消费者对某一消费过程的期望与实际消费经验的比较。在期望确认模型中，满意度是消费者重复购买意愿的决定因素。满意度越高，消费者的购买次数和购买量就会越多；反之，低水平的满意度会降低客户再次购买的意愿。

二、期望确认理论的相关研究

期望确认理论自提出以来，就被广泛地应用于各种不同的环境中，用来预测消费者对产品或者服务的持续使用行为。早期的相关研究主要集中在消费者行为学领域。如 Oliver（1993）基于期望确认理论，加入情感变量，用来分析其对消费者汽车购买后行为的影响，实证分析的结果证实了不确认程度的影响作用，以及积极情感和消极情感对消费者满意度的影响[①]。Yoon 和 Kim（2000）引入期望确认理论，探讨了汽车市场中消费者的忠诚行为，主要分析了期望不确认程度对客户忠诚行为和满意度的影响、期望不确认与客户重购意愿之间的关系，并考察了情景变量和规范变量对模型间的调节作用，实证结果进一步证实了期望确认对满意和重购意愿具有积极的影响[②]。Spreng、Mackenzie 和 Olshavsky（1996）借鉴期望确认理论探讨了消费者摄像机的使用行为，从期望、渴望、知觉绩效、期望不确认、渴望一致性等方面全面揭示

① Oliver R L. Cognitive, Affective, and Attribute Bases of the Satisfaction Response [J]. Journal of Consumer Research, 1993: 418–430.

② Yoon S J, Kim J H. An Empirical Validation of a Loyalty Model Based on Expectation Disconfirmation [J]. Journal of Consumer Marketing, 2000, 17（2）: 120–136.

了消费者满意度的形成机理[①]。Patterson 和 Spreng（1997）引入期望确认理论，探讨了 B2B 专业服务领域中感知绩效、满意度、感知价值以及再次购买意愿之间的关系，实证分析结果显示，满意对感知价值与购买意愿之间的关系起中介作用，感知绩效的六个维度对感知价值和满意具有积极作用[②]。

随着信息技术和互联网技术的蓬勃发展，期望确认理论越来越多地被应用到信息系统领域，用来解释用户对信息系统或者网络服务的持续使用行为。Bhattacherjee（2001a）整合了期望确认理论、TAM 理论及 Agency 理论，从多种视角分析了消费者持续使用 B2C 电子商务的关键影响因素[③]，Bhattacherjee（2001b）在随后的研究中继续对在线银行系统的用户持续行为进行了研究。作者以期望确认理论作为基础，借鉴了 Davis 的技术接受模型，加入了感知有用性的变量，见图 3.3。实证分析的结果表明，用户的感知有用性和满意对用户的持续使用意愿具有显著影响[④]。受到 Bhattacherjee 的启发，许多学者在期望确认理论的基础上对其理论内核不断进行了拓展和深化，并将该理论的应用领域逐步扩展到 Web 网站、博客、SNS 等使用行为上。如 McKirmey、Yoon 和 Zahedi 等（2002）将期望不确认理论与用户满意度相关理论整合在一起，用网站质量来代替感知绩效，并将其细分为信息质量（IQ）和系统质量（SQ），提出了九个维度来度量用户对网站的满意度。Thong、Hong 和 Tam（2006）基于期望确认理论，加入了用户信息系统采纳后的信念（Beliefs）因素，包括感知有用性、感知娱乐性以及感知易用性，通过对 811 位移动网络服务用户的数据分析表明，扩展后的 ECM 具有更佳的解释

① Spreng R A, Mackenzie S B, Olshavsky R W. A Reexamination of the Determinants of Consumer Satisfaction [J]. The Journal of Marketing, 1996: 15-32.

② Patterson P G, Spreng R A. Modelling the Relationship Between Perceived Value, Satisfaction and Repurchase Intentions in a Business-to-Business, Services Context: An Empirical Examination [J]. International Journal of Service Industry Management, 1997, 8（5）: 414-434.

③ Bhattacherjee A. An Empirical Analysis of the Antecedents of Electronic Commerce Service Continuance [J]. Decision Support Systems, 2001, 32（2）: 201-214.

④ Bhattacherjee A. Understanding Information Systems Continuance: An Expectation-Confirmation Model [J]. MIS Quarterly, 2001: 351-370.

效用（R^2=67.8%）[①]。Chiu、Hsu 和 Sun 等（2005）将感知绩效细分为感知可用性、感知质量和感知价值，将不确认细分为可用性不确认、质量不确认和价值不确认，分析了在线学习系统中用户满意度的影响因素。Lin、Wu 和 Tsai（2006）在原有的期望确认理论中加入了娱乐性（Playful）的变量，考察了拓展的 ECM 对用户网站持续访问行为的影响，结果表明，扩展的 ECM 能很好地预测用户行为[②]。

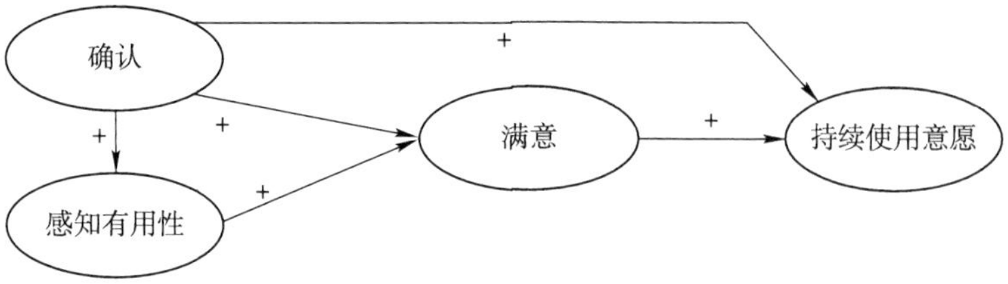

图3.3 信息系统持续使用模型

第四节 社会认知理论

一、社会认知理论的基本概念

美国著名心理学家 Albert Bandura 基于社会学习理论与行为主义理论，首次提出了社会认知理论（Social Cognitive Theory）的概念。该理论强调认知因素在行为过程中的作用，认为人们的思想和行动是个人、环境和行为三者持续交互作用的结果，为了解、预测和影响人们的行为和认知过程提供了一个理论框架。在该理论框架图中，个体、行为及环境构成了交互作用的三角循环模型（见图 3.4），其中个体指行为主体的信念、目标、态度、意向、情绪

① Thong J Y L, Hong S J, Tam K Y. The Effects of Post-Adoption Beliefs on the Expectation-Confirmation Model for Information Technology Continuance [J]. International Journal of Human-Computer Studies, 2006, 64（9）: 799-810.

② Lin C S, Wu S, Tsai R J. Integrating Perceived Playfulness Into Expectation-Confirmation Model for Web Portal Context [J]. Information & Management, 2005, 42（5）: 683-693.

等因素，行为指主体行为后的结果或者反馈，环境即行为主体的客观条件。主体与行为的交互影响表明，一方面，个体的目标、态度等因素决定或影响着行为方式，另一方面，行为的结果和反馈会反作用于主体的思想信念和情感因素等。主体与环境的交互影响表明，虽然个体认知技能、情感状态等是环境作用的产物，但环境的作用和存在并非绝对的而是潜在的，并取决于主体的认知把握。环境与行为的交互影响表明，虽然环境状况作为行为的对象或者现实条件决定着行为的方向，但行为也会改变客观环境以适应主体的需要。

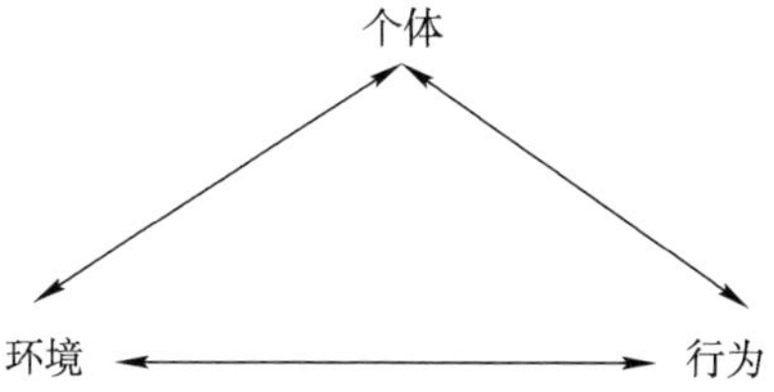

图3.4　个体、行为、环境间交互作用

自我效能理论是社会认知理论的重要核心思想，其概念由 Bandura（1977）首次提出。该理论认为，个人是否执行某一行为，受到该个体执行该行为的自我效能感及个人目标的影响[①]，如图 3.5 所示。这里需要明确自我效能与自我效能感的区别，所谓自我效能是指个体或者组织执行某个目标活动所要达到的水平或者从中表现出来的能力，这种能力是一种潜在的主观因素，而不是一个确定值，所以作为能力因素本身并不影响个体行为。而自我效能的主观感受即自我效能感，是当行为主体需要一连串的行动来达成一个既定目标时，对执行这些行动的能力判断。换言之，它强调的并非是行为主体所拥有的技能，而是达成任务的自我能力判断。

自我效能感具有三个重要特征：①自我效能感会根据新的经验和信息动

① Bandura, A. Self-Efficacy: Toward a Unifying Theory of Behavioral Change [J]. Psychological Review, 1977, 84（2）: 191 –215.

态变化；②自我效能感是在综合了行动者本人、他人和特定任务等信息的基础上形成的；③自我效能感涉及动机成分。Bandura（1989）经过总结与整理后认为，有四种因素影响自我效能：过去绩效、行为模仿、口语说服以及生理激励。过去绩效是指一个人完成特定工作所获得的正向绩效或者负向绩效，行为模仿指通过对周围参考群体的行为模仿带给个人的正面鼓励，口语说服来自他人口语上的正面鼓励，生理激励则指从个体生理或者心理状态评估对自我效能的影响。

作为一个极具影响力的主观信念，自我效能感考虑到个人对动机实现能力、认知资源以及活动过程中所需事件的运用控制能力，在许多情境中都会影响人们的思维方式和情绪反应，进而影响行为过程与结果。可以说，自我效能感是主体自我系统的核心动力因素之一。一般而言，自我效能感强的个体会定义较高的任务目标，并愿意投入更多的精力去坚持和努力；反之，自我效能感低的人则较易改变策略，较易动摇信心。

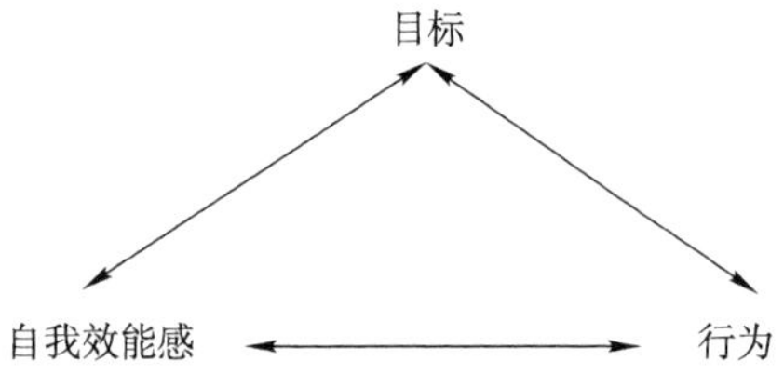

图3.5　目标、自我效能感与行为间的交互作用

除了自我效能之外，结果期望也是社会认知理论中一个比较重要的概念，受到了较多学者的关注。所谓结果期望是指个人对自己完成该项任务的可能结果的判断。根据 Bandura（1997）的观点，结果期望主要由三种形式组成：身体结果、社会结果和自我评估结果，不同形式的结果可以对个体行为进行调节，积极的结果预期会促进个体行为，反之，消极的结果预期会导致个体"消极怠工"，阻碍行为的产生[①]。

① Bandura, A., Self-Efficacy: The Exercise of Control [M]. New York: Freeman, 1997.

二、社会认知理论的相关研究

自 Bandura 提出社会认知理论以来，该理论被广泛应用到知识管理、信息系统接受行为、创业行为、教育、在线学习、人力资源等领域（Compeau 和 Higgins，1995；Schund，1989；Rooney 和 Osipow，1992；Pajares 和 Miller，1994；Compeau 和 Higgins，1995；Venkatesh 和 Davis，1996；Hsu 和 Chiu，2004；Lam 和 Lee，2006；Lin 和 Huang，2008）。

较早的如 Wood 和 Bandura（1989），将社会认知理论应用于组织管理之中，分析了自我效能、策略、目标认同与绩效表现间的关系，路径分析结果显示，过去的绩效表现显著影响自我效能的高低，而自我效能的高低会影响分析策略的采纳，通过分析策略与个人目标的差异，最终造成绩效上的差异[①]。在后来的研究中，Bandura（1994，2000）还探讨了社会认知理论在艾滋病疾病预防、健康保健、教育学习等领域的应用。Malone（2001）引入社会认知理论，分析了自我效能在组织变革中的重要作用，认为高自我效能的人往往比低自我效能的人在工作中表现更为出色，在组织变革中，管理者应该重视自我效能的作用，并提出了五种增强自我效能的方法：自我思考、掌握经验、建立模型、社会信仰和生理状态[②]。

社会认知理论还较多地被应用到信息系统与服务中的用户行为领域。如 Compeau 和 Higgins（1995）将社会认知理论应用于计算机技巧的培训，研究结果表明，自我效能感对绩效具有显著的正向作用，但意外的是绩效期望与绩效之间呈较强的弱相关关系[③]。Compeau、Higgins 和 Huff（1999）基于社会

① Wood R, Bandura A. Social Cognitive Theory of Organizational Management [J]. Academy of management Review, 1989: 361-384.

② Malone J W. Shining a New Light on Organizational Change: Improving Self-Efficacy Through Coaching [J]. Organization Development Journal, 2001, 19（2）: 27-36.

③ Compeau D R, Higgins C A. Application of Social Cognitive Theory to Training for Computer Skills [J]. Information Systems Research, 1995, 6（2）: 118.

认知理论，分析了自我效能、结果期望、情感和焦虑对计算机使用行为的影响，分析结果表明，自我效能和成果绩效对个人信息技术使用中情感反应和行为反应具有重要影响[①]；Larose 和 Eastin（2004）利用社会认知理论分析了互联网用户的使用和满足，在构建模型中认为，自我效能、个人习惯和成瘾决定互联网用户的使用行为，网络问卷的分析结果显示，模型较好地解释了用户行为（R^2=42）[②]。Kuo 等（2004）认为，电子商务的主要障碍是互联网使用者可能会浪费很多时间和努力来搜寻信息，努力决策模型虽然可以很好地解释用户的信息搜寻策略，但是该模型没有考虑经验的影响。鉴于此，作者基于社会认知理论，加入自我效能的变量，测量经验的效应。分析结果显示，强调准确性会增加低自我效能主体的努力程度，保持努力和精确搜寻之间的权衡不存在于较高自我效能的个体中[③]。Hsu 和 Chiu（2004）基于计划行为理论，引入了两种自我效能类型（General Internet Self-Efficacy 和 Web-Specific Self-Efficacy）来反映计划行为理论的感知行为控制变量，用以分析互联网用户的接受行为[④]。

在知识管理领域，Hsu 等（2007）基于社会认知理论，提出了虚拟社区知识共享影响因素的模型，认为知识共享行为受到环境和个人两方面的影响。实证分析结果表明，自我效能对知识共享行为具有直接或间接的影响；个人成果期望对知识共享行为具有积极影响；社区结果期望对知识共享行为没有显著的影响[⑤]。Chiu 等（2006）整合了社会认知理论与社会资本理论，探讨其

① Compeau D, Higgins C A, Huff S. Social Cognitive Theory and Individual Reactions to Computing Technology: A Longitudinal Study [J]. MIS Quarterly, 1999: 145-158.

② Larose R, Eastin M S. Social Cognitive Theory of Internet Uses and Gratifications: Toward a New Model of Media Attendance, [J]. A. J. Broad. & Elec. Media, 2004, 48: 358.

③ Kuo F Y, Chu T H, Hsu M H, et al. An Investigation of Effort-Accuracy Trade-Off and the Impact of Self-Efficacy on Web Searching Behaviors [J]. Decision Support Systems, 2004, 37（3）: 331-342.

④ Hsu M H, Chiu C M. Internet Self-Efficacy and Electronic Service Acceptance [J]. Decision Support Systems, 2004, 38（3）: 369-381.

⑤ Hsu, M H Ju T L, Yen C H. Knowledge Sharing Behavior in Virtual Communities: The Relationship Between trust, Self-Efficacy, and Outcome Expectations [J]. Human-Computer Studies, 2007, 65: 153-169.

对虚拟社区成员知识共享的数量和质量方面的作用，其中社会认知理论主要从个人结果期望和社区结果期望两个角度进行分析。结果显示，社区结果期望与知识共享的数量和质量呈显著正相关，但是个人结果期望与知识共享数量之间有着显著的负相关关系①。

在国内，朱阁等（2010）根据班杜拉的社会认知理论，结合价值理论和自我效能的概念提出了一个新的用户接受度模型——基于自我效能感的价值接受度模型，结构方程模型检验的结果表明，用户的自我效能感影响了用户对产品或服务的感知价值，并直接影响消费者的态度和采用意图。尤其当消费者缺乏基本的使用经验时，自我效能感将具有更显著的影响作用②。朱镇和赵晶（2011）基于社会认知理论，分析了电子商务采纳过程中决策群体认知、组织就绪与采纳决策之间的关系，研究发现，电子商务的决策采纳受到价值感知和风险控制认知的影响③。顾远东、彭纪生（2011）探讨了组织创新氛围、创新自我效能感以及员工创新行为之间的关系，并验证了创新自我效能感对员工创新行为的作用④。李志宏等（2010）分析了组织氛围、主体认知因素与知识共享行为间的关系，研究发现，组织氛围不仅对知识共享行为具有直接作用，还通过自我效能感和结果期望间接影响知识共享行为⑤。

---

① Chiu C M, Hsu M H, Wang E T G. Understanding Knowledge Sharing in Virtual Communities: An Integration of Social Capital and Social Cognitive Theories [J]. Decision Support Systems, 2006, 42（3）: 1872-1888.

② 朱阁，马龙，Sunanda Sangwan，等 . 基于社会认知理论的消费者采用模型与实证研究 [J]. 南开管理评论，2010（3）：12-21.

③ 朱镇，赵晶 . 企业电子商务采纳的战略决策行为：基于社会认知理论的研究 [J]. 南开管理评论，2011（3）：151-160.

④ 顾远东，彭纪生 . 组织创新氛围对员工创新行为的影响：创新自我效能感的中介作用 [J]. 南开管理评论，2010（1）：30-41.

⑤ 李志宏，朱桃，罗芳 . 组织气氛对知识共享行为的影响路径研究——基于华南地区 IT 企业的实证研究与启示 [J]. 科学学研究，2010（6）：894-901.

第五节　社会资本理论

一、社会资本理论的基本概念

社会资本理论是 20 世纪 90 年代发展起来的一个重要的跨学科概念，受到国内外学者的广泛关注。该理论在解释经济增长、社会发展、集体行为等方面提供了重要的视角。究其理论根源，社会资本的概念最早出现在经济学研究之中。在 20 世纪 70 年代，经济学家 Loury（1977）在其研究中首次引入社会资本概念，论述了社会资本对人力资本的影响。他认为，社会资本作为诸资源之一，对儿童的心理发育、人力资源发展以及社会化具有重要影响[①]。而推动社会资本理论成为社会性、政治学以及各学科广泛使用的概念，则要归功于法国社会学家 Bourdieu 和美国社会学家 Coleman 对社会资本理论的阐释。Bourdieu（1980）在《社会科学研究》中发表了题为《社会资本随笔》的短文，正式提出了"社会资本"的概念。他将社会资本定义为"实际或潜在资源的集合，这些资源与由相互默认或承认的关系所组成的持久网络有关，而且这些关系或多或少是制度化的"。他认为，社会资本由两部分构成：一部分是社会关系本身，即它使个人可以摄取被群体所拥有的资源；另一部分是社会资源的数量和质量，它强调行动者通过社会资本，能够摄取经济资源、提高文化资本，并与制度化的机构建立密切的联系。Bourdieu 认为，社会资本的积累和投资依赖于行动者可有效动员的关系网络的规模，依赖于其他有关系的个人拥有的经济、文化和符号资本的数量和质量。

Coleman（1988）则较为全面地阐释了社会资本的概念。他认为，社会资本为"许多具有两个共同之处的主体，它们都是由社会结构的某些方面组成，并且它们都有利于行为者的特定行为，不论它们是结构中的个人还是法人"，

① Loury G C. A Dynamic Theory of Racial Income Differences [Z]. Discussion Papers, 1976.

从功能的角度界定了社会资本。他认为，社会资本是“个人拥有的社会结构资源”，与其他形式的资本一样，社会资本是生产性的，是否拥有社会资本决定了行动者能否实现某个特定的工具性活动。但与物质资本和人力资本等资本不同的是，社会资本存在于人际关系的结构中，它既不依附于独立的个人，也不存在于物质生产的过程之中（Coleman，1988，1990）。他把社会资本的表现形式概述为义务与期望、信息网络、规范与有效惩罚以及权威关系。

Ports（1995）对社会资本提出了更为精致和全面的表述，他认为社会资本是“个人通过他们的成员身份在网络中或者在更宽泛的社会结构中获取稀缺资源的能力，获取能力是个人与他人关系中包含着的一种资产，社会资本是嵌入的结果”。借鉴 Granovetter（1985）的说法，他认为，嵌入分为理性嵌入和结构嵌入。理性嵌入是双方对互惠的预期，建立在双方关系取得强迫对方承认的预期能力的基础上，结构嵌入是当行动双方成为更大网络的一部分时“所强制推行的信任”。行动者借助两种类型的嵌入可以拥有获取短缺资源的能力。

Putnam（1993）指出，社会资本包括信任、规范和网络，它们能够通过推动协调和运动来提高社会效率。社会资本可以提高投资于物质资本和人力资本的收益。根据 Putnam 的观点，社会资本是集体行动的关键，可以有效地阻止人们背叛和“搭便车”行为，其理由是公民参与网络能够促进互惠规范的建立，有助于网络成员间建立基于信任的关系，这样就有利于形成一个更广泛的团体意识和集体收益偏好，从而使集体行为更加容易。

Burt（1992）将社会资本定义为网络结构给网络中的行动者提供信息和资源控制的程度，“朋友、同事以及更一般的熟人，通过它们获得使用金融和人力资本的机会”。Burt 认为，由于构成双边关系的个体和大多数类似者共享利益、财富、权利和价值，因此自我封闭的网络只能提供重复的资源，而网络中的结构洞可以链接不同的异质网络，控制资源在网络中的流动，更易获取非重复资源，亦即“结构洞的社会资本”。

Lin（1999）认为，社会资本是“嵌入于一种社会结构中的可以在有目的的行动中摄取或动员的资源”，它包含三种成分：嵌入于一种社会结构中的资源、个人摄取这些社会资源的能力、通过有目的的行动中的个人运用或动员这些社会资源。在《社会资本——社会结构与行动的理论》中，Lin 将社会资本界定为“投资在社会关系中并希望在市场上得到回报的一种资源”。这种界定与所有对该讨论作出贡献的学者的表述一致。进一步地，他得出社会资本具有四个方面的功能：促进信息的流动、控制作用、信任作用、强化和认可作用①。

日裔美国学者福山认为，社会资本理论是建立在社会信任基础之上的。他认为，信任是在一个社团中，成员对彼此常态、诚实、合作行为的期待，基础是社团成员共同拥有的规范以及个体隶属于那个社团的角色。所谓社会资本是建立在社会或其特定的群体之中，成员之间的信任普及程度。这样的信任也许根植于最小型、最基础的社会团体里，也许存在于规模最大的国家，它通常是由宗教、传统、历史、习惯等文化机制建立起来的。

综合以上定义，有学者将社会资本定义为一种社会网络，也有学者将社会资本定义为网络、规则以及信任，还有学者将社会资本界定为一种资源或能力。本书将社会资本定义为虚拟社区成员互动所形成的社会网络，同时伴随着信任和共同的规范，有利于成员获取共享的资源。

二、社会资本理论的相关研究

过去 20 多年，社会资本一直是国内外学者研究的热点，社会领域、经济领域、政治领域等都使用社会资本理论解释经济现象和社会现象。自该理论被引入管理领域以来，运用其理论与方法所进行的管理研究取得了较大进展，不少学者从管理角度探讨了社会资本对个人行为和组织行为的影响，具

① Lin N. Social Capital: A Theory of Social Structure and Action [M]. Cambridge Univ Pr, 2002.

体而言，包括社会资本与求职（Granovetter，1973，1995；Burt，1992，2000，2001；Mehra、Kilduff 和 Brass，2001）、社会资本与组织认同（Ibarra 和 Andrews，1993；Watson 和 Papamarco，2002）、社会资本与绩效表现（Burt，1997；Liden、Wayne 和 Kraimer，2001）、社会资本与竞争优势（周小虎、陈传明，2004）、社会资本与战略管理（周小虎，2005）、社会资本与企业创业（Chong 和 Gibbons，1997；Inkpen 和 Tsang，2005）、社会资本与战略联盟（张波、魏江，2003；蔡凤霞、陈莉平，2005；袁立科、张宗益，2006）等领域。本书主要围绕社会资本对知识共享的作用机理这个主题进行。

Nahapiet 和 Ghoshal（1998）较早地探讨了社会资本对知识共享的影响，并对后续研究具有较大影响。作者将社会资本分为三个维度：结构维度、关系维度和认知维度，其中结构维度包括网络关联、网络架构和专用组织，关系维度则被认为是"关系、信任、规则、认同"等，认知维度包括共有的价值观、共享的语言等。研究显示，社会资本的三个维度影响知识共享的机会、预期、动机和组合能力[①]。Tsai 和 Ghosal（1998）分析了社会资本对组织内资源交流与整合的影响，将社会资本分为结构维度、关系维度和认知维度，其中结构维度采用社会互动联系测量，关系维度采用信任进行测量，认知维度采用共同愿景进行测量，同时还探讨了社会资本三维度之间的内在关系。实证分析的结果表明，社会互动联系与信任对部门间的资源交流和整合具有显著的正向影响，社会互动和共同愿景与信任存在显著的正相关性[②]。Levin 和 Cross（2004）考察了社会资本的结构维度和关系维度对知识获取的影响，结构维度的测量采用个人联系的强度，关系维度的测量采用信任要素，并将信任细分为基于能力的信任和基于善良的信任。实证分析的结果表明，社会资

① Nahapiet J, Ghoshal S. Social Capital, Intellectual Capital, and the Organizational Advantage [J]. Academy of Management Review, 1998: 242–266.

② Tsai W, Ghoshal S. Social Capital and Value Creation: The Role of Intrafirm Networks [J]. Academy of Management Journal, 1998: 464–476.

本各维度对知识分享效果具有显著影响①。Wasko 和 Faraj（2005）分析了电子实践社区中个人动机与社会资本对知识贡献的影响。作者借鉴前人相关研究将社会资本划分为结构资本、认知资本和关系资本三个维度，其中结构资本采用网络中心性测量，关系资本采用互惠与承诺测量，认知资本采用自我技能感知测量。经验研究的结果表明，结构资本的显著作用最为明显，位于网络中心的个体有机会与网络中大多数人建立连接，更加可能贡献知识。同样，认知资本在知识贡献的行为中也起着重要的作用，而关系资本对知识贡献的影响并不显著②。

在国内，王立生（2007）将社会资本分为社会性互动、关系质量和认知三个维度，分析了企业与客户间的社会资本对知识获取的影响，其中社会性互动采用互动强度和互动质量进行测量，关系质量采用信任、满意和承诺进行测量，认知维度采用组织距离、共享愿景和冲突程度进行测量。实证分析表明，社会资本的各个维度对知识获取具有显著的作用③。汪轶（2008）以知识型团队为研究对象，探讨了团队社会资本对知识分享的作用机理。作者将社会资本分为结构维度、关系维度和认知维度，其中结构维度采用网络中心性和接近中心性进行测量，关系维度采用信任维度进行测量，并进一步将信任维度细分为情感信任和认知信任，认知维度采用团队认知维度进行测量，包括共同价值观及共同语言。经验研究的结果表明：①社会资本各变量之间存在相互作用，网络中心性对于人际信任具有显著的正向影响，网络中心性对于团队认知具有显著的正向影响，团队认知对人际信任具有显著的正向影响；②社会资本各维度（网络中心性、人际信任和认知维度）对知识分享的

① Levin D Z, Cross R. The Strength of Weak Ties You Can Trust: The Mediating Role of Trust in Effective Knowledge Transfer [J]. Management Science, 2004: 1477-1490.

② Wasko M M L, Faraj S. Why Should I Share? Examining Social Capital and Knowledge Contribution in Electronic Networks of Practice [J]. MIS Quarterly, 2005: 35-57.

③ 王立生 . 社会资本、吸收能力对知识获取和创新绩效的影响研究 [D]. 杭州：浙江大学，2007.

正向作用均得到支持[1]。柯江林等（2007）以知识分享与知识整合为中介变量，构建并验证了企业 R&D 团队社会资本与团队绩效效能的关系。作者在文中沿用了社会资本的结构、关系、认知三维分析框架，分别从互动强度、网络密度、同事信任、主管信任、共同语言以及共同愿景六个因素分析了其对知识分享与知识整合的作用机理。研究结果表明：社会资本各构面对知识整合和分享有显著的积极效应[2]。在另外一篇论文中，柯江林、石金涛（2007）以知识型团队作为背景，研究知识有效转移的社会资本形态，将社会资本分为结构、关系与认知维度。在作者看来，结构资本刻画了个体间的联结模式，决定了知识转移的机会，关系资本中的信任要素影响了知识主体转移知识的意愿，认知资本如知识距离、共同的语言等决定了知识主体的知识接受能力和吸收能力[3]。

第六节　理论整合——延伸计划行为理论

计划行为理论强调从心理学的角度来预测个人行为。该理论认为个人的行为意图受到对该行为所持的态度、主观规范以及知觉行为控制三项因素的影响。那么，根据计划行为理论，在虚拟社区的知识共享活动中，社区成员知识共享的可持续行为亦受到这三项因素的影响。其中态度是社区成员进行知识共享行为所保持的正面或负面的评价；主观规范是指社区成员在进行知识共享时感受的社会规范和压力；知觉行为控制即社区成员进行知识共享行为所感知的困难或容易程度。

期望确认理论的主要概念是通过消费者的购前期望与购后绩效表现的比

① 汪轶．知识型团队中成员社会资本对知识分享效果作用机制研究 [D]. 杭州：浙江大学，2008.

② 柯江林，孙健敏，石金涛，等．企业 R&D 团队之社会资本与团队效能关系的实证研究——以知识分享与知识整合为中介变量 [J]. 管理世界，2007（3）：89-101.

③ 柯江林，石金涛．知识型团队有效知识转移的社会资本结构优化研究 [J]. 研究与发展管理，2007（1）：21-27.

较结果，判断其是否对产品和服务满意。该理论存在两个关键变量：确认和满意度。确认被认为是决定满意度的唯一因素，由绩效表现和期望共同决定；而满意度是通过评估付出的代价与获得的收益而形成的心理状态，最终决定行为意图。期望确认理论与计划行为理论的共通之处在于两个理论是都是以行为意图为基础的，这为本书的合理性奠定了理论基础。本书认为，在虚拟社区的知识共享活动中，满意度是指社区成员进行知识共享行为后所产生的情感态度，这与计划行为理论中的“态度”具有类似含义，都可以理解为行为个体对标的物或者某种具体行为的正面或负面的评价，正面的评价容易获取较高的满意度。而负面的评价则会导致低水平的满意度。而且在这两个理论的经典阐释中，满意度及态度两个变量都是行为意图的前因变量。因此，本书在构建虚拟社区持续知识共享行为模型时，用满意度代替了态度变量。

计划行为理论中的主观规范的具体含义是指，相对个人而言比较重要的人是否希望他采取行动，反映人们的行为受社会的影响，受规范的信念及遵守该规范的愿望的共同影响。Venkatesh（2003）综合了计划行为理论、理性行为理论、创新扩散理论、技术接受理论等理论，进一步深化和扩展主观规范的意义，提出了社群影响对行为意图的作用。作者认为，社群影响是指个人行为受到周围群体和环境影响的程度，该概念与其他模型中的主观规范、群体影响、形象等概念相对应，尽管在概念外延上有所区别，但共同点均是强调个体所处的外在环境对行为意图的影响。本书认为，计划行为理论对外在环境作用效应的探讨显得比较单一和浅显，为比较全面、系统地分析个人所处的外在环境对行为意图的作用，本书引入社会资本理论。该理论摒弃了传统的以个人内在动机预测行为意图的思维模式，以一种全新的视角强调个人或组织所处的位置、结构、关系等外在环境对行为意图的影响，这为本书引入社会资本理论，扩展计划行为理论中主观规范的意义奠定了合理性基础。鉴于此，本书借鉴了Nahapiet和Ghoshal（1998）的社会资本分析框架，将社会资本分为结构维度、关系维度及认知维度。其中结构维度采用社会互动联结进行测量，强调行动者之间的密度、强度、规模等社会联结属性对社区成员持续知识共享意愿的影响；关系维度采用信任进行测量，强调社区成员之间的关系属性对社区成员持续知识共享意愿的影响；认知维度采用社区规范进行测量，强调社区氛围对社区成员持续知识共享意愿的影响。

社会认知理论强调认知因素在行为过程中的作用，认为人们的思想和行动是个人、环境和行为三者持续交互的结果，为了解、预测和影响人们的行为和认知过程提供了一个理论框架。自我效能感是社会认知理论的一个核心概念，是指当行为主体需要通过一连串的行动来达成一个既定目标时，对执行这些行动的能力判断。评估自我效能一般从大小、强度及类推能力三个维度进行，自我效能的大小是指个人相信自己能执行不同工作时困难的程度，自我效能的强度是指个人评断自己在从事某件特定工作时坚信的程度，而类推能力是指个人的自我效能适用于不同状况下的程度。一般而言，自我效能感强的个体会定义较高的任务目标，并愿意投入更多的精力去坚持和努力；反之，自我效能感低的人则较易改变策略，较易动摇信心。自我效能感的概念与计划行为理论中的知觉行为控制具有相似意义，都是指个人知觉到采取某一行为容易或困难的程度。因此，本书在构建虚拟社区持续知识共享行为模型时，用自我效能感代替了知觉行为控制变量。

综上而言，本书在计划行为理论的基础上，整合期望确认理论、社会认知理论以及社会资本理论的相关关键变量，对计划行为理论的原有相关变量进行拓展，最终形成了本书虚拟社区持续知识共享行为模型基础框架（见图 3.6）。

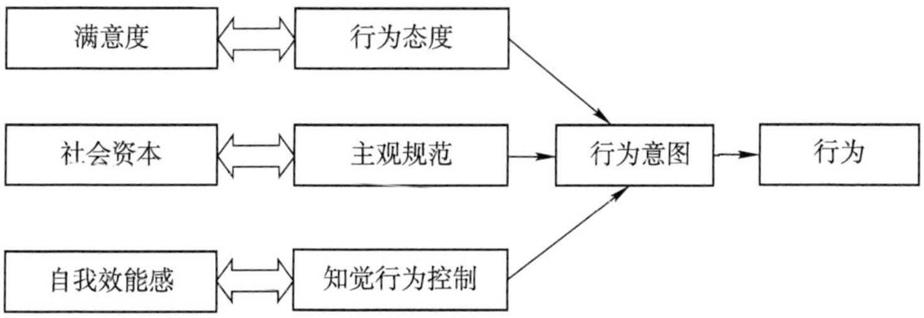

图3.6　本书拓展的计划行为理论模型

第四章　研究模型构建与假设提出

第一节　虚拟社区持续知识共享行为模型构建

在本书的文献综述中，对国内外虚拟社区知识共享的影响因素这一主题进行了回顾。我们发现虚拟社区知识共享的影响因素众多，不同的学者从不同的角度展开了对虚拟社区知识共享影响因素的探讨，并取得了诸多成果，这为本书进一步深化对虚拟社区知识共享行为的研究奠定了理论基础。通过对现有文献的分析和梳理，本书认为还有待深入解决的问题表现在以下几个方面：

① 现有研究多数聚焦于对虚拟社区知识共享行为的探讨，缺乏对虚拟社区持续知识共享行为的探索。

② 虚拟社区影响因素众多，国内外学者在探讨其影响因素的作用机理时往往选取某一方面或者几个方面进行分析，缺乏从原理层次上揭示问题的本质。

③ 计划行为理论、期望确认理论、社会认知理论及社会资本理论在预测行为意图方面具有重要的理论意义和实践意义。而现有研究往往从单个理论视角分析问题，缺乏综合及整合的视角来探索虚拟社区知识共享行为的内在

机理。

④ 感知价值理论在消费者行为学领域已经被证实对行为意图具有良好的预测作用。从目前已有研究来看，感知价值理论在预测虚拟社区知识共享行为方面的应用研究还是一片空白。

基于以上认知，本书选取虚拟社区持续知识共享行为作为研究对象，以求进一步深化和拓展当前研究。对于虚拟社区经营者而言，社区成员知识共享行为的持续性是虚拟社区维系的根本和关键，因此影响社区成员持续知识共享行为的因素是其最为关心的问题。期望确认理论在顾客忠诚行为、重复购买行为、信息系统持续使用行为等领域具有良好的解释效力，并被国内外许多学者所证实。该理论的理论模型的主要维度有确认、满意及持续使用意愿变量。

对感知价值的概念及理论探讨主要来自消费者行为学领域，Cronin 等（2000）分析了感知价值、顾客满意和行为意向三个变量之间的关系，他认为感知价值不仅直接影响行为意向，还通过顾客满意间接影响行为意向。后续的许多研究成果进一步证实了该理论的合理性（Oh，2003；Chen 和 Dubinksy，2003；Lewis 和 Soureli，2006；Varki 和 Colgate，2001）。本书将该三个变量引入本书的假设模型中，用以探讨感知价值、顾客满意和行为意向对虚拟社区持续知识共享行为的影响。

通过前述章节的分析，本书在计划行为理论的基础上，整合了期望确认理论、社会认知理论以及社会资本理论，对计划行为理论的主要变量进行了拓展和延伸，其中用满意度替代了态度变量，用社会交互联结、信任以及社区规范替代了主观规范变量，用自我效能感替代了知觉行为控制变量，并依据现有研究，将虚拟社区知识共享行为的感知价值维度划分为实用价值、情感价值、社会价值和利他价值四个维度，最后构建本书的假设模型框架如图 4.1 所示。

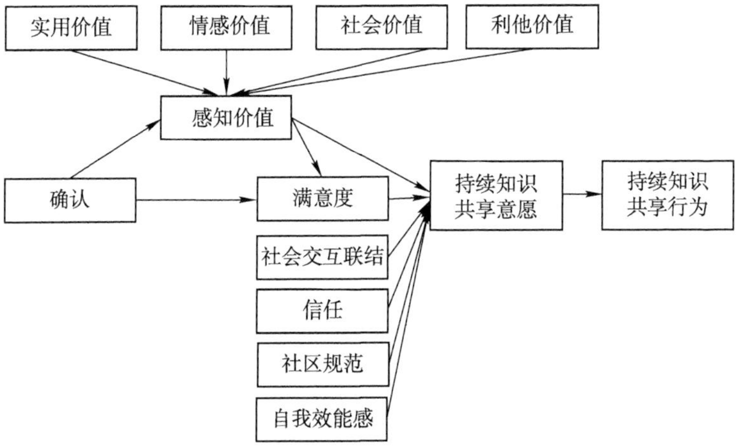

图4.1 虚拟社区持续知识共享行为模型

第二节 研究假设提出

一、感知价值的前因变量

根据前述章节的分析，知识共享感知价值是指虚拟社区成员对知识共享活动所形成价值的主观认知和综合评价，包含四个维度：实用价值、情感价值、社会价值和利他价值。

Zeithaml（1988）认为感知价值是“得到”与“付出”之间的权衡，它是基于对所得到的利益和所付出代价的感知而对某一产品或服务效用的总体评价。Monroe 和 Chapman（1987）将感知价值分为获得价值和交易价值两类，其中获得价值是指消费者所得到的利益和付出的牺牲之间的权衡得到的感知净收益。受到上述观点的启发，本书结合研究主题及对象，认为实用价值是虚拟社区成员对知识共享行为“收益”与“牺牲”的总体感知。收益指的是社区管理者或者其他成员给予的奖励，包括在线货币、积分、等级等；牺牲指社区成员为知识共享行为所付出的时间、精力等成本。根据理性视角的感知价值分析（Kotler，1997；Chen 和 Dubins，2003；Anderson 和 Narus，1994；

Ulaga 和 Chacour，2001），顾客的实际价值等于所获得收益与所作出牺牲之间的差异，只有当感知收益大于感知牺牲时，顾客价值才能体现出来。在虚拟社区知识共享行为中，经济动机已在相关研究中被证实是社区成员知识共享的重要动机因素之一，如果成员感知的经济价值越大，那么该成员对知识共享活动的认知所体现的总的感知价值就会越大。基于以上分析，本书提出假设：

H1.1：在虚拟社区的知识共享中，社区成员的实用价值对感知价值具有积极的影响。

经济价值主要是从顾客理性视角进行阐述的。随着对感知价值研究的深入，越来越多的学者开始关注感知价值中的体验成分，即从感性的视角分析顾客的感知价值成分。Sheth、Newman 和 Gross（1991）认为情感价值是产品能够唤起人们的情感状态的属性，与经济价值、效用价值等外在动因相比，情感价值更注重内在的情感动机。有些学者则强调客户的享乐价值（Klein 和 Ford，2003；Holbrook 和 Hirschman，1982；Chandon、Wansink 和 Laurent，2000；），认为享乐价值是非工具性的、体验的、情感的，与产品或者服务的无形属性相关。借鉴上述观点，本书认为情感价值是指社区成员通过知识共享活动所触发的某些情感或情绪，如高兴、愉快、轻松、满足等。积极的情感会增加社区成员总的感知价值，而负面的情感体验则会导致社区成员感知价值的减少。基于以上分析，本书提出假设：

H1.2：在虚拟社区的知识共享中，社区成员的情感价值对感知价值具有积极的影响。

Sheth、Newman 和 Gross（1991）认为，社会价值是与顾客购物相关联的一个或多个社会团体中获得的感知效用。Lusi 和 Joana（2005）将消费者感知价值分为社会识别价值、社会结合价值与舒适生活价值。其中社会识别价值强调产品或服务给消费者带来的地位、形象、认同等价值；社会结合价值注重消费行为给客户带来良好的社会关系、友谊等。Holbrook（2006）强调社会价值是对消费者地位或形象的提升。Sweeney 和 Soutar（2001）认为社会价值是产品能够加强社会范畴内的自我概念的能力。基于上述学者对社会价值的理解，本书认为社会价值是社区成员对知识共享行为在社区生活中自我强化能力的感知，具体而言，包括社区成员地位的提高、声誉的提升、人际关系的改善等内容。在已有对虚拟社区知识共享行为的动因探析的相关研究中（Chiu、Hsu 和 Wang，2006；Wasko 和 Faraj，2005；Chang 和 Chuang，2011），已经证实了感知声誉、社会交互关系等变量对知识共享的正向作用，这也从侧面反映了社会价值在成员整体感知价值中的重要性。Venkatesh 等（2003）则在其研究中加入了社会价值的变量，结果证实了人们喜欢使用赢得他人称赞的产品或服务。在虚拟社区知识共享行为中，社区成员的知识共享活动体现了对社会价值的内在需求，社区成员感知的社会价值变大，那么总的感知价值也会相应增加。基于以上分析，本书提出假设：

H1.3：在虚拟社区的知识共享中，社区成员的社会价值对感知价值具有积极的影响。

利他行为是人类一种普遍存在的行为。Piliavin（1990）认为利他行为是“出于对别人而非自己需要的考虑而采取的行为”。Wilson（1975）将利他行为定义为“为别人的利益而做出的自我毁灭的行为”。Bartal（1985）总结利他行为具有以下特点：对别人有好处、行为是自愿的、利他者本身有损失、行为是有意识的、行为者的目的不是获取任何形式的外部回报。已有研究证实了利他行为在知识共享行为中的作用。Chennamaneni（2006）认为，个体之所以共享知识是因为他们相信帮助他人解决有挑战性的问题是令人感兴趣的，并且帮助他人能使他们感觉良好，靠完成利他和亲社会行为，人们能获得内在愉悦[①]。Davenport（1998）认为具有利他品质的人对所拥有的知识具有极大

① Chennamaneni A. Determinants of Knowledge Sharing Behaviors: Developing and Testing an Integrated Theoretical Model [J], 2007.

的热情，乐于跟人共享[①]。利他行为反映了利他价值对行为的预测效应。根据Holbrook（2006）的定义，利他价值是表现在“投入美德就是对自己的奖赏”的道德上的实践活动，强调客户的消费行为对他人的影响。基于该定义，本书认为利他价值表现为社区成员出于道德考虑而进行知识共享活动的一种义务行为。在虚拟社区知识共享行为中，对利他价值的追求体现了某些成员的内在需求，感知的利他价值越大，总的感知价值就会越大。鉴于此，本书提出假设：

H1.4：在虚拟社区的知识共享中，社区成员的利他价值对感知价值具有积极的影响。

二、感知价值、满意与行为意图的关系

感知价值、满意和行为意图三者之间的作用关系早已成为国内外学者关注的焦点。在国内外已有研究中，感知价值对顾客购买意愿和顾客满意的作用机理已被充分证实，感知价值是顾客满意和购买行为的重要决定因素（Chen和Dubinsky，2003；Dodds等，1991；Lewis和Soureli，2006；Varki和Colgate，2001）；但由于研究背景和实践背景的不同，有些研究结论存在差异甚至相悖。

在国外，Cronin、Brady和Hult（2000）实证分析了服务环境下服务质量、服务价值、满意与行为意向之间的关系，研究发现服务质量、价值以及满意对行为意向具有直接的正向作用，并且服务价值对满意、满意对行为意向都具有正向影响[②]。Lin（2003）在分析电子商务环境中公司与客户的关系时发现，客户需求、客户价值以及客户成本对客户的满意度有重要影响，即

---

① Dawenport T H, Prusak L. Learn How Valuable Knowledge Is Acquired, Created, Bought and Bartered [J]. Australian Library Journal, 1998, 47（3）: 268-272.

② Cronin J J, Brady M K, Hult G T M. Assessing the Effects of Quality, Value, and Customer Satisfaction on Consumer Behavioral Intentions in Service Environments [J]. Journal of Retailing, 2000, 76（2）: 193-218.

当客户感知的价值超出他们的期望时，容易形成满意的心理状态[①]。Hellier 等（2003）认为，感知价值通过品牌参考和顾客满意来间接影响顾客的再购买行为，对保险公司的调查分析显示感知价值对品牌感知和顾客满意具有显著的正向影响，品牌感知正向作用于顾客在购买意愿，而满意对顾客在购买行为的影响只是相对显著[②]。

在国内，吴亮锦、糜仲春（2005）认为，知觉价值是知觉获得与知觉牺牲之间的权衡，只有当知觉获得大于知觉牺牲时，才能激发消费者的购买意愿[③]。吴明哲（2002）探讨了台湾一家休闲牧场的游客感知价值、满意度以及行为意向之间的关系。实证分析的结果显示，游客的感知价值显著影响游客满意度以及行为意向，感知价值越高，则对牧场的满意度越高，游客的行为意向反应程度就越大；同时还证实了满意程度对行为意向的正向作用[④]。罗海青（2003）认为，顾客满意由顾客感知价值的大小来决定，顾客满意决定顾客忠诚[⑤]。刘敬严（2008）将感知价值分为功能价值、情感价值和社会价值，分析了它们影响关系质量的作用机理，其中关系质量包括满意、信任、承诺三个维度。实证分析结果表明，情感价值对满意具有显著性影响，而功能价值和社会价值对满意的影响没有通过显著性检验[⑥]。姚作为、刘人怀（2010）在研究中证实了顾客价值是顾客满意的前置因素，顾客满意则是购后行为的前置因素，但顾客价值对购后行为的影响没有通过显著性检验[⑦]。

综上所述，感知价值对行为意愿存在两种作用路径：一是直接作用于顾

① Lin C C. A Critical Appraisal of Customer Satisfaction and E-Commerce [J]. Managerial Auditing Journal, 2003, 18（3）: 202-212.

② Hellier P K, Geursen G M, Carr R A, et al. Customer Repurchase Intention: A General Structural Equation Model [J]. European Journal of Marketing, 2003, 37（11/12）: 1762-1800.

③ 吴亮锦，糜仲春 . 珠宝知觉价值与购买意愿的经济学分析 [J]. 商场现代化，2005（25）.

④ 吴明哲 . 飞牛牧场游憩意向之研究——价值链之观点 [D]. 台中：台湾朝阳科技大学，2002.

⑤ 罗海青 . 顾客价值感知要素实证研究 [D]. 杭州：浙江大学，2003.

⑥ 刘敬严 . 顾客感知价值决定要因与关系质量的影响研究 [J]. 软科学，2008（5）：18-22.

⑦ 姚作为，刘人怀 . 基于品牌关系的服务消费决策行为研究：理论模型与实证检验 [J]. 管理评论，2010（9）：59-74.

客行为意愿；二是通过顾客满意对行为意愿产生间接效应。基于上述理论分析，本书假设，在虚拟社区知识共享行为中，社区成员感知的知识共享活动价值越大，就越容易形成对知识共享行为的满意态度，进而提高知识共享活动意愿。鉴于此，本书提出假设：

H2.1：在虚拟社区的知识共享中，社区成员的感知价值对满意度具有积极的影响。

H2.2：在虚拟社区的知识共享中，感知价值对社区成员的持续知识共享意愿具有积极的影响。

H2.3：在虚拟社区的知识共享中，满意度对社区成员的持续知识共享意愿具有积极的影响。

三、确认与感知价值、满意的关系

确认由绩效表现和期望的差距而来，由合并期望和知觉绩效共同决定，它是形成满意的重要前因。确认会产生三种不同的结果：负向不确认、确认和正向不确认，不同的结果自然会产生不同的效应。一般而言，正向不确认较易使顾客产生满意的情感。在较早探讨客户满意度形成机理的相关研究中，期望和绩效两个变量一直是众多学者关注的焦点。Oliver（1980）提出了期望绩效模型，认为消费者在消费产品之后，会根据原先对产品或服务的期望，评估产品或服务的绩效，如果绩效超过预期的期望，那么就会形成客户的满意感。Churchill 和 Surprenant（1982）则认为，期望和绩效不仅影响消费者对期望和绩效比较的主观感受，还对消费者的满意度具有直接影响。Oliver 和 Bearden（1985）则进一步证实了确认对顾客满意的影响，认为确认的方向和大小决定了顾客满意的影响方式。虽然确认是影响顾客满意度的重要变量，但它并不是唯一的变量，早期一些研究还强调了感知质量和确认对满意度的共同作用。Anderson 和 Sullivan（1993）在其研究中发现，期望通过感知质量和确认间接影响顾客满意度，顾客满意度是感知质量和确认的函数。Cronin 和 Taylor（1992）发现，感知质量直接影响顾客满意度，在某些情境下，感知质量对顾客满意度的直接影响要高于不一致性的影响。

随着研究范围的扩大，特别是 Bhattacherjee（2001）将期望确认理论引入用户信息系统采用行为领域后，越来越多的学者开始关注期望确认理论在用户持续行为方面的预测作用。Bhattacherjee（2001）整合了理性行为理论和期望确认理论，提出了信息系统持续使用模型。该模型认为感知有用性和确认共同决定用户使用满意度，确认不仅对满意度具有直接的正向影响，还通过对感知有用性的作用间接影响满意度。结构方程检验的结果证实了该模型的有效性。此后许多学者借鉴和引用了 Bhattacherjee 的模型，并对该模型进行了一定的扩展和延伸，用以探讨用户的持续行为。如 Kim（2010）探讨了移动数据服务的持续使用行为，将计划行为理论整合到期望确认理论。在构建的结构方程模型中，作者假设确认正向作用于感知有用性、感知娱乐性以及用户满意度，负向作用于感知费用。实证分析的结果显示，确认的作用效应皆通过了显著性检验[①]。Lin、Wu 和 Tsai（2005）分析了网站的持续行为，在期望确认理论基础上加入了感知娱乐性变量。在构建的结构方程模型中，作者假设确认正向影响感知有用性、感知娱乐性以及满意度，检验结果证实了变量确认的作用效应[②]。Lee 和 Kwon（2011）分析了用户对 Web 服务的持续使用行为。作者扩展了期望确认理论，加入了“亲密”（Intimacy）和“熟悉”（Familiarity）的变量，并假设确认对感知有用性、满意、熟悉和亲密具有正向影响，结构方程的检验结果证实了确认的影响机理[③]。Shin 等（2011）在整

① Kim B. An Empirical Investigation of Mobile Data Service Continuance: Incorporating the Theory of Planned Behavior Into the Expectation-Confirmation Model [J]. Expert Systems With Applications, 2010, 37（10）: 7033-7039.

② Lin C S, Wu S, Tsai R J. Integrating Perceived Playfulness Into Expectation-Confirmation Model for Web Portal Context [J]. Information & Management, 2005, 42（5）: 683-693.

③ Lee Y, Kwon O. Intimacy, Familiarity and Continuance Intention: An Extended Expectation-Confirmation Model in Web-Based Services [J]. Electronic Commerce Research and Applications, 2011, 10（3）: 342-357.

合型科技接受模式（UTAUT）基础上，加入了期望确认理论的相关变量，探讨了智能手机作为学习工具的使用行为。作者假设确认变量正向影响感知有用性、感知易用性以及满意度，结构方程检验的结果验证了确认的作用效应[①]。

综上所述，确认的结果变量可以归纳为两类：一类主要是用户对产品或者服务等标的物使用过程中形成的情感态度，即用户的满意度；另一类则是用户对产品或服务等标的物实际体验后形成的综合评价，包括感知有用性、感知娱乐性、感知费用等变量。在本书情境中，满意度变量与上述研究没有本质上的区别，因而不再详细论述；感知价值变量体现了用户对该行为的初始期望和总体评价，根据认知失调理论（Cognitive Dissonance Theory），在虚拟社区成员进行知识共享的过程中，成员在进行知识共享行为之前会形成对该行为的初始期望，成员进行知识共享行为后，会获取知识共享行为的直接体验，据此评价初始期望与实际体验一致或不一致的程度，调整认知和行为以获得高度一致。换言之，成员在知识共享行为之前会形成对该行为的价值预期，共享知识后会根据实际体验对价值预期进行确认，如果实际体验高于价值预期，就易形成正向的感知价值和获取较高的满意度。

基于以上分析，本书提出假设：

H3.1：在虚拟社区的知识共享中，确认对社区成员的感知价值具有积极的影响。

H3.2：在虚拟社区的知识共享中，确认对社区成员的满意度具有积极的影响。

四、信任与持续知识共享意愿的关系

人类对信任的关注由来已久。早在2500年前，我国思想家孔子就将“信”作为所有社会关系的前提和基础，西方的文化传统中亦较早地体现了

---

① Shin D, Shin Y, Choo H, et al. Smartphones as Smart Pedagogical Tools: Implications for Smartphones as U-Learning Devices [J]. Computers in Human Behavior, 2011, 27（6）: 2207-2214.

对信任的关注，如基督教的《圣经》中出现“信任”数十次。对信任的经验研究可以追溯到20世纪五六十年代，其中最著名的是美国心理学家Deustch（1958）关于信任体和怀疑体的研究。此后，许多来自不同领域的学者都展开了对信任问题的积极探索，但到目前为止，对信任的理解和描述仍未形成统一的说法。从笔者掌握的文献来看，对信任的定义主要来自心理学、社会学和经济学领域。为了全面理解信任的概念，本书归纳了不同学科视角下对信任的定义。

表4.1　信任的定义

学科领域	作者	定义
心理学	Deutsch（1958）	期望某件事的出现，并相应采取一种行为
	Rotterdam（1967）	个体将另一方的言辞、承诺、口头或书面陈述视为一种可靠的概括化的期望
	Barber（1983）	个体在社会交互中习得的一种对他人的期望，信任形成于其所在的社会、组织中，影响个体对于生活和社会的理解
	Lewis和Weigert（1985）	个体所采取的一系列风险行为，所有这些行动都是建立在个体相信所有相关人员都是有能力和负责的基础上
	Sabel（1993）	交往双方共同持有的，对于两人不会利用双方弱点的信心
	Mayer（1995）	基于信任客体会依照信任主体期望的方式行事的预期，信任主体本身不考虑自身防范能力，使自己处在被信任客体伤害的境地的意愿
	Hosmer（1995）	合乎道德行为的期望
	Rousseau（1998）	信任是一种心理状态，指的是基于对另一方行为的正面预期而愿意暴露自身弱点，愿意接受被损害的风险
社会学	Luhmann（1979）	从制度功能的角度出发，指出信任在减少社会交往复杂性方面具有相应社会功能
	Lewis和Weigert（1985）	信任存在于社会系统中，其中系统的成员根据由彼此存在或他们的符号表述构成的期望，进行行为是安全的
	Zuchker（1986）	信任是在特定的法律制度、社会规范基础上形成的，反映的是担保、安全保障措施或其他机制的存在
	Mcallister（1995）	个人相信和愿意基于他人言辞、行为和决策进行行事的程度
经济学	Arrow（1974）	信任是经济交换的润滑剂，是控制企业的最有效的机制，是含蓄的契约，是不容易买到的独特

续表

学科领域	作者	定义
经济学	Moorman（1992）	依赖个人对其具有信心的交易伙伴的意愿
	Gebetta（1992）	一类行为人对另一方面将行使特定行为的主观概率，尽管其不能监管其行为
	Fukuyama（1995）	基于共享规范而对群体内其他成员产生的对规则、诚实和合作行为的期望

综上所述，信任是一个多学科概念，不同学科赋予了其不同的内涵。心理学通常聚焦于对个体属性的内在认知，社会学关注信任在人际关系中的社会嵌入性或者制度，经济学强调将信任视作制度或者算计（转引自谢荷峰，2007，pp.43）。

此外，信任的概念还存在研究层次方面的区别。从已有研究来看，主要存在三个方面的研究层次：一是企业层次，主要关注企业间的信任问题，如 Oppenheimer 和 Bastien（2002）等；二是团队或者部门层次，如 Tsai 和 Ghoshal（1998）；三是个人层次，该层次的信任问题研究成果较多，如 Lazelere 和 Huston（1950），Rotter（1980），Mayer 等（1995），Zaheer、McEvily 和 Perrone（1998），Larzelere 和 Huston（1980），Johnson-George 和 Swap（1982）等。

本书探讨的主要是虚拟社区成员间的信任关系对持续知识共享意愿的影响，因而对信任问题的探讨聚焦在个体层次，即人际信任问题。在前述相关研究的基础上，本书对社区成员间的信任定义如下：在虚拟社区知识共享中，团队成员愿意相信他人的言辞、行为或决策，而进行知识共享行为的决策的程度。

信任对知识共享的作用机理的研究一直是学术界关注的热点。部分学者从社会资本或者社会网络的关系角度探讨了信任对知识共享的作用机理。如 Nahapiet 和 Ghoshal（1998）较早地分析了信任对促进企业内智力资源，即个人知识分享与交换的重要作用。作者将信任作为社会资本关系维度的重要内容，认为信任对增加智力资本的交换和组合的机会、预期价值以及动机，具有积极的影响①。Lee 和 Sukoco（2007）认为，信任资本有利于组织的学习、知识的扩散以及异质知识的获取，进而促进知识管理能力和竞争能力的提升。实证研究表明，信任资本在知识管理能力与组织创新、竞争力的提升以及组织绩效的关系中具有积极的调节作用②。Chiu、Hsu 和 Wang（2006）构建了分析模型框架以探讨社会资本和社会认知对虚拟社区成员知识共享的数量和质量方面的影响，对关系维度的测量采用了信任、互惠的规范以及身份认同，实证结果显示信任与知识共享的数量之间没有显著的正相关关系③。Yang 和 Farn（2009）从社会资本和行为控制的视角探讨了员工间的隐性知识共享的意愿和行为，对社会资本视角的分析主要从基于情感的信任和共同愿景两个维度进行。对问卷调查数据的分析表明，信任对员工隐性知识共享意愿具有显著的正向影响④。

在国内，汪轶（2008）以知识型团队为研究对象，探讨了团队社会资本对知识分享的作用机理，其中社会资本的关系维度采用情感信任和认知信任进行测量，经验研究结果显示，人际信任对知识共享的正向作用得到显著支持⑤。柯江林、石金涛（2007）以知识型团队作为背景，研究知识有效转移的社会资本形态，将社会资本分为结构、关系与认知维度。在作者看来，关系资本中的信任要素影响知识主体转移知识的意愿⑥。周密等（2006）从知识拥

① Nahapiet J, Ghoshal S. Social Capital, Intellectual Capital, and the Organizational Advantage [J]. Academy of Management Review, 1998: 242-266.

② Lee L T S, Sukoco B M. The Effects of Entrepreneurial Orientation and Knowledge Management Capability on Organization Effectiveness in Taiwan: The Moderating Role of Social Capital [J], 2007.

③ Chiu C M, Hsu M H, Wang E T G. Understanding Knowledge Sharing in Virtual Communities: an Integration of Social Capital and Social Cognitive Theories [J]. Decision Support Systems, 2006, 42（3）: 1872-1888.

④ Yang S C, Farn C K. Social Capital, Behavioural Control, and Tacit Knowledge Sharing-A Multi-Informant Design [J]. International Journal of Information Management, 2009, 29（3）: 210-218.

⑤ 汪轶．知识型团队中成员社会资本对知识分享效果作用机制研究 [D]. 杭州：浙江大学，2008.

⑥ 柯江林，石金涛．知识型团队有效知识转移的社会资本结构优化研究 [J]. 研究与发展管理，2007（1）.

有者与知识分析者两方面揭示了知识共享意愿与不同类别信任的关系。作者认为，基于制度、算计、认同、关心、了解的信任作用于知识拥有者的知识共享意愿，基于能力、了解的信任作用于知识分享者的知识共享意愿，并解释了其中的原因[①]。秦红霞、陈华东（2007）将信任分为情感基础信任和认知基础信任，分别讨论了不同信任在知识共享的知识搜寻阶段和知识转移阶段的作用。作者认为，情感基础信任可以降低知识转移成本，但限制知识转移范围；认知基础信任在知识转移过程中存在不确定性，但从长期来看，有利于促进双方知识共享的制度建设[②]。

综上所述，上述研究对信任在知识共享中作用的探讨，有的侧重于信任对知识共享效果的直接效应，有的侧重于信任对知识共享意愿的影响。尽管研究角度和研究结论存在差异，但多数研究证实了人际信任在知识共享过程中的重要作用。在虚拟社区知识共享行为中，虚拟人际关系的存在已成为不争的事实，体现为不同信任水平的人际关系同样影响着社区成员的知识共享意愿。综合已有研究，笔者以为，虚拟社区成员间的信任程度越高，成员就越愿意去分享、交换、整合彼此间的知识，知识共享行为就越容易产生。鉴于此，本书提出假设：

H4.1：在虚拟社区的知识共享中，信任对社区成员的持续知识共享意愿具有积极的影响。

五、社会交互联结与持续知识共享意愿

1985 年，格兰诺维特在《美国社会学杂志》上发表了一篇重要论文——《经济行动和社会结构：嵌入性问题》。他认为，经济行动嵌入在以社会网络为基础的社会结构之中，经济行为和结果受行为人之间的关系以及整个关系网络结构的影响，经济活动中的信任和欺骗、市场和等级两对概念可以被用

① 周密，姚芳，姚小涛．员工知识共享、知识共享意愿与信任基础 [J]. 软科学，2006（3）.

② 秦红霞，陈华东．基于员工信任关系的企业知识共享研究 [J]. 科学学与科学技术管理，2007（10）.

来分析经济行动的嵌入性问题。随后，他将嵌入性分为关系嵌入和结构嵌入两个维度。关系嵌入的研究视角集中于网络行动者间相互联系的二元交易关系问题（如信任关系、协作关系、互惠关系等），主要从关系的内容、方向、延续性以及强度等方面来衡量，强调直接联结作为交换优质信息的机制所起的作用（Granovetter，1992；Uzzi，1997；Gulati，1998，1999）。结构嵌入研究的主要是网络行动者间的多维总体性结构问题，一方面强调网络的整体功能和结构，另一方面关注行动者在网络中的结构位置，强调网络的密度、网络中心性以及行动者所占据的网络位置对组织行为和绩效、技术创新、知识共享等方面的影响。

本书中的社会交互联结关注二元层次上的社会关系，强调用行动者之间的密度、强度、规模等社会联结属性解释特定的行为和过程。依据网络结点间的联结强度，可以将网络联结分为强联结和弱联结。Granovetter（1973）在《弱关系的力量》一文中首次提出联结强度的概念。他认为，联结强度可以通过"某一联结上所花的时间、情感投入程度、亲密程度以及互惠性服务"等综合加以测量，互动次数多、感情较深、关系亲密、互惠交换关系多的为强联结，反之则为弱联结。

从强弱联结发生的作用机理来看，已有研究存在较大差异，甚至产生截然相反的结论。Granovetter（1985）主要用网络密度、网络联结等变量描述行动者之间或者单位之间的网络结构。他认为，某结点与外界的联结数量越多，则越接近网络结构的中心位置，该结点获取信息或者知识的机会就越多。Uzzi（1997）的人类学研究揭示了强联结形成的特殊的启发式关系能够引起更为有效的交流，并认为强联结有助于企业信任的建立、有价值信息的传递以及共同问题解决的安排[①]。边燕杰（1997）在其研究中提出了强联系的优势，并指出个人间缺乏直接的联系和大量的交流是影响知识共享的重要原因。作者认

① Uzzi B. Social Structure and Competition in Interfirm Networks: the Paradox of Ebeddedness [J]. Administrative Science Quarterly, 1997, 42: 35-67.

为，弱关系可以有效地传递信息，而以信任和义务为特征的强联系可以有效地传递知识。Hansen（1999）认为强联结伴随着信任、合作与稳定，能传递高质量、复杂或者难以传递的隐性知识，尽管弱联结是获取无冗余知识的重要通道，但是信息不一定会通过弱联结进行传递，强联结往往是个人与外界发生联系的起点和基点[①]。但有些学者则强调了弱联结的重要性。Granovetter（1973）在《弱关系的力量》一文中指出，强联结是基于相似个体之间的互动而产生的，这些个体之间在年龄、教育程度、家庭背景、收入水平、个人兴趣等方面具有相似性，与之相反，弱联结是在不同社会经济特征的个体间产生的。在背景相似的群体中，通过强联结获取的信息差异不大，信息冗余度比较高；而弱联结往往产生于具有不同经济背景的群体间，群体间所拥有的信息差异较大，能够充当信息桥的作用，所以它提供的是具有更高价值的非冗余信息。Lin 等（1981）认为，弱联结的好处可以扩展到社会资本上，它可以以更小的亲密度、强度、交往频率，更少的义务和更弱的互惠服务为特征，去与更多的非相似资源相联系[②]。Perry-Smith 和 Shalley（2003）认为，弱联结提供了获得独特信息的可能，新的不同的信息更适合通过弱联结而非强联结来传播，它在群体、组织之间建立了纽带联系[③]。

综合以上研究，我们发现，强联结与弱联结各具优势。关于强联结的优势，学者更多的是从隐性知识的传递、信任、合作、惯例等方面来考虑，而弱联结主要从信息的冗余、结构洞等方面来考虑。近年来，虚拟环境下的网络联结也引起了一些学者的关注，产生了一大批理论成果，在前述有关论文中已有所体现。如 Wasko 和 Faraj（2005）研究了社会资本的结构维度对专

---

① Hansen M T. The Search-Transfer Problem: The Role of Weak Ties in Sharing Knowledge Across Organization Sub-Units [J]. Administrative Science Quarterly, 1999, 44: 82-111.

② Lin N, Ensel W M, Vaughn J C. Social Resources and Strength of Ties: Structural Factors in Occupational Status Attainment [J]. American Sociological Review, 1981（46）: 393-405.

③ Perry-Smith J E, Shalley C E. The Social Side of Creativity: A Static and Dynamic Social Network Perspective [J]. Academy of Management Review, 2003, 28（1）: 89-106.

业虚拟社区内知识共享行为的影响，结构维度主要采用网络中心性进行测量，实证结果表明，虚拟社区成员在虚拟社会网络中的结构位置会影响其知识共享贡献的意愿，某成员网络中心性越高，该成员的知识共享意愿就越大。Chiu、Hsu 和 Wang（2006）构建分析模型框架探讨了社会资本的结构维度对虚拟社区成员知识共享的数量和质量方面的影响，结构维度采用在线交互联结进行测量，研究结果发现，在线交互联结对成员知识贡献的数量具有显著影响，但是对知识贡献的质量的影响没有通过显著性检验。Wei 和 Kwok-Kee（2008）对知识管理系统中的成员知识贡献与搜寻行为进行了分析，研究发现，社会关系强度与系统中成员的知识贡献信念和搜索信念存在显著的正相关关系。

回顾以往研究发现，虚拟环境下的网络结构特征采取了不同的衡量方式，研究结果也存在差异。基于上述分析，笔者认为虚拟社区成员在以强联结为基础的联系中，他们或有着共同的话题，或地理比较接近，或基于工作的原因，团队成员间互动频繁，投入的时间和情感比较多，丰富了知识共享的渠道，知识共享的意愿和机会自然就会增加，鉴于此，本书提出假设：

H4.2：在虚拟社区的知识共享中，社会交互联结对社区成员的持续知识共享意愿具有积极的影响。

六、社区规范与持续知识共享意愿

百度百科将“规范”定义为对思维和行为的约束力量，法律、规章制度、道德伦理等都具有规范的性质。在行为学领域，规范是“习惯性协调我们与其他人交互的行为规则”（Durlauf 和 Blume，2008）。在社会资本理论中，规范指的是“对服从的预期”，由社会界定的权力控制某种行为，这种预期不是来自自身，而是来自他人。基于心理认知的计划行为理论提出了主观规范的概念，认为主观规范是个体在决定是否执行某特定行为时所感知的社会压力，强调人们的行为受社会的影响，以及受对规范的信念及遵守该规范的愿望的共同影响。有学者从其他角度进行了描述。如 Scott（1995）认为，规范指的是那些支配人们行为的价值观；陈建勋等（2010）认为，规范是确定群体中的成员处理各种关系和问题时所参考的不成文的规则和标准。基于上述对规范的定义，结合本书的研究主题，笔者认为，社区规范是所有社区成员相互交往所达成的一致行为规则和标准，社区规范的形成是网络成员在重复相互交往活动中的博弈均衡，一旦生成，就会对社区成员的行为产生自发的约束作用，社区成员都会自觉遵守和维护，无须第三者监督或强制执行。

关于规范的作用机理，已有研究多将其视为社会资本进行探讨。Burt（1992）、Putnam（1995）等将网络本身及其特性视为社会资本，而网络中的规范则构成了社会资本的主要来源之一；Coleman（1998）认为，规范是一种社会资本，这种社会资本有利于实现网络目标、维护网络秩序；Kankanhalli 等（2005）指出，利于共享的规范是一种为知识贡献创造必要环境的手段，会影响人们的行为使之与团队或社区的期待和价值相一致。但部分研究显示，规范并不一定有利于知识共享。如 Chiu、Hsu 和 Wang（2006）采用互惠规范作为对虚拟社区成员关系维度的测量指标之一，用以探讨其对虚拟社区知识共享的数量和质量的影响，结果发现，互惠规范对虚拟社区中知识共享的数量具有显著的影响，而对知识共享的质量的作用没有通过显著性检验。Lin、Hung 和 Chen（2009）以专业虚拟社区作为研究对象，分析了互惠规范对社区成员知识共享行为的影响，结果表明，互惠规范对知识共享行为的作用不显著。Chen 和 Hung（2010）检验了互惠规范对虚拟社区成员知识贡献与知识搜集行为的影响，发现互惠规范对知识贡献行为没有显著的影响，而对知识搜集的行为存在显著的负向作用。在国内，周涛、鲁耀斌（2009）考察了团队规范对社区成员知识共享动机的影响，结果发现，团队规范与知识共享存在显著的正相关关系。沈校亮（2009）分析了社区规范对维基任务中参与者知识贡献意愿的影响，认为利于共享的规范是普遍共享的关于参与维基任务中知识贡献的团队价值和期望；当一个有力的团队合作和协作规范存在的时候，参与者将被影响以遵从这种普遍接受的规范；实证检验了规范对知识贡献意愿的正向影响。

综上所述，已有研究探讨了规范对知识共享行为的作用机理，但或由于研究变量测量的差异，或由于研究情境的差异，还未达成一致的认识。笔者认为，良性的社区规范有助于社区成员共同地对共享行为作出承诺，降低成员的机会主义倾向和“搭便车”行为，使成员愿意投入于共同的学习和交流等知识共享活动中。鉴于此，本书提出假设：

H4.3：在虚拟社区的知识共享中，社区规范对社区成员的持续知识共享意愿具有积极的影响。

七、知识自我效能与持续知识共享意愿

根据前述章节的论述，知识自我效能是行为主体对组织和实施某种行为，进而达到期望效果的能力的自我判断（Bandura，1986）。它强调的是对人们执行特定行为达到某种特定目标的能力的一种自我判断，代表行为者对其自身掌握的技能所能达到目标的信念，而无关乎技能本身。从概念内涵来讲，知识自我效能包括三层含义：对自己能否达到某一表现水平的预期；针对特定行为能力的认识；能否达到某个特定目标的水平判断。Bandura（1997）指出，人的动机水平、情感状态和行为更多地基于他们相信什么而不是客观事实是什么。在其后的研究中，Bandura（2006）进一步指出，自我效能的信心决定了环境中的机遇或阻碍如何被感知，影响人们的行为选择及努力程度等。基于该观点，人们对于该如何行动的决策通常可以由他们所持有的关于自身能力的信念来预测，而并非由他们实际上能够完成什么来预测。因此，知识自我效能可以帮助我们预测人们的行为选择、努力程度等决策行为。自我效能信念是近十年来学者们预测人们行为动机的重要理论基础，被广泛运用到组织行为（Wood 和 Bandura，1989；Malone，2001）、信息系统（Compeau 和 Higgins，1995；Compeau、Higgins 和 Huff，1999；Larose 和 Eastin，2004；Kuo 等，

2004；Yi 和 Hwang，2003；Hsu 和 Chiu，2004；Reed、Doty 和 May，2005；Ajzen，2002；Venkatesh，2003；Lam 和 Lee，2006；Lin 和 Huang，2008）以及知识管理（Hsu 和 Chiu，2004；Kankanhalli 等，2005；Hsu 等，2007；Chiu 等，2006；Lin，2007）等领域。这些研究成果表明，自我效能感在预测行为意图方面具有较好的解释效度。

结合本书主题和情境，本书关注的是虚拟社区成员知识共享的自我效能感（知识自我效能）对成员知识共享意愿的影响。所谓知识自我效能是指社区成员对知识共享行为能力的一种判断。根据社会认知理论，知识自我效能会直接影响社区成员知识共享意愿，不同水平知识自我效能的社区成员在进行知识共享行为时的表现会有所差异。高水平自我效能感的社区成员会倾向选择具有挑战性的任务，往往把注意力集中在分析问题及解决问题上，面对困难总会坚持自己的行为；低水平自我效能感的社区成员面对困难容易选择逃避，过多地想到个人的不足等。在前述文献综述中可以发现，一些研究已经从实证方面证实了知识自我效能对知识共享意愿及行为的影响。如 Cheung 和 Lee（2010）研究发现，知识自我效能在解释虚拟社区成员持续知识共享意愿方面具有显著的正向作用[①]。Hsu 等（2007）构建了基于社会认知理论的模型框架以探讨虚拟社区知识共享行为的影响因素，经验研究表明，自我效能一方面对知识共享行为具有直接的正向作用，另一方面通过结果期望间接影响社区成员的知识共享[②]。Lin 等（2009）以专业虚拟社区为研究对象，探讨了知识自我效能对知识共享行为的影响，实证分析表明，知识自我效能与知

---

① Cheung C, Lee M. What Drives Members to Continue Sharing Knowledge in a Virtual Professional Community? The Role of Knowledge Self-Efficacy and Satisfaction [J]. Knowledge Science, Engineering and Management, 2010: 472-484.

② Hsu M H, Ju T L, Yen C H, et al. Knowledge Sharing Behavior in Virtual Communities: The Relationship Between Trust, Self-Efficacy, and Outcome Expectations [J]. International Journal of Human-Computer Studies, 2007, 65（2）: 153-169.

识共享行为之间具有显著的正向关系①。Chen 和 Hung（2010）分析了专业虚拟社区中知识自我效能对知识社区成员知识贡献和知识搜集行为的影响，经验研究证实，知识自我效能对知识共享与知识搜集行为皆具有显著的正向影响②。国内如李志宏等（2009）、张鼐和周年喜（2009）、王凤艳（2011）、董晶（2008）等的经验研究则进一步证实了知识自我效能在预测国内社区成员知识共享行为上的适用性。综上所述，有些研究分析了知识自我效能对知识共享行为的影响，其他研究则探讨了知识自我效能对知识共享意愿的影响。根据理性行为理论等技术接受理论，意愿是预测行为的关键变量，故本书提出以下假设：

H5：在虚拟社区的知识共享中，社区成员的知识自我效能对持续知识共享意愿具有积极的影响。

八、持续知识共享意愿与持续知识共享行为之间的关系

依据理性行为理论、计划行为理论、技术接受理论等理论，意向用来衡量用户实施特定行为的意向强弱。在本书中，持续知识共享意愿即指持续知识共享的意向，用来衡量社区成员持续知识共享行为意愿的强烈程度。在信息系统使用及知识共享行为的情境中，上述经典模型都认为行为意图决定实际使用行为，并且这一规则已被大量的研究所证实（Bhattacherjee，2001；Hong 等，2006；Thong 等，2006；Davis 等，1989；Taylor 和 Todd，1995；Szajna，1996；Venkatesh 和 Davis，1996；He 和 Kwok-Kee，2009；周涛、鲁耀斌，2009）。根据 Fishbein 和 Ajzen（1975）的阐述，当意向和行为在一个特定的情境、行为目标和时间段中被测量时，行为和意向之间显著相关。在

① Lin M J, Hung S W, Chen C J. Fostering the Determinants of Knowledge Sharing in Professional Virtual Communities [J]. Computers in Human Behavior, 2009, 25（4）: 929-939.

② Chen C, Hung S. To Give or to Receive? Factors Influencing Members' Knowledge Sharing and Community Promotion in Professional Virtual Communities [J]. Information & Management, 2010, 47（4）: 226-236.

意向和行为之间的时间间隔较短的情况下，行为意图在很大程度上将决定行为的实施。

基于上述分析，本书提出假设：

H6：在虚拟社区的知识共享中，社区成员的持续知识共享意愿对持续知识共享行为具有积极的影响。

第五章　问卷设计与小样本测试

第一节　问卷设计原则与过程

一、问卷设计原则

问卷调查是目前国内外研究中广泛采用的调查方法，即根据调查目的设计各类调查问卷，采取抽样的方式（随机抽样或整群抽样）确定调查样本，通过对样本数据的收集和整理，运用统计分析方法得出研究结果的一种研究方法。本书主要采用问卷调查的方法收集研究所需数据。在问卷设计原则方面，国内外学者提出了很多有益的建议和方法。荣泰生（2005）提出了问卷设计的一般原则：①问卷内容的设计必须契合研究的需要；②问卷中的问题应尽量简洁明了，让问卷填写者容易回答；③问卷设计问题必须明确开放式问题和封闭式问题；④问卷中的问题应该尽量避免涉及个人因素；⑤先前的问题不影响后续问题的回答；⑥在大规模调查之前应该经过问卷的前测的过程[①]。李怀祖（2004）提出问卷设计的三项禁忌：①问卷设计不能提出难以真实回答的问题；②问卷设计不能带有倾向性，对问卷填写者形成诱导或者鼓

① 荣泰生．企业研究方法 [M]. 北京：中国税务出版社，2005.

励和期待他作出某种回答；③问卷设计不能把未经确认的事情当作前提假设。王重鸣（1999）认为，在进行问卷设计时，问卷的内容和子量表要根据问卷设计的目的确定；问卷题项或者项目应该简洁、明确、具体，尽量避免复杂语句或者带有引导性的问题；问卷用词要避免过于抽象以防止反应定式。杨国枢等（2006）提出，问卷设计应遵循以下原则：①问题设计要清晰明了，用词要准确恰当，避免使用大量模糊或双关语义，或带有歧义的词汇；②问题类型要正确而合适，视研究性质来决定使用开放式或限制式的问题；③问卷题项不涉及社会禁忌与爱好问题；④问卷设计不要太抽象、太特殊、太笼统、太复杂；⑤问卷设计应避免问题的暗示作用。

上述学者提出的问卷设计要注意的问题，本书在设计问卷时都进行了考虑和处理，同时本书在能充分反映研究主题核心问题的基础上，尽量简化问卷，控制问卷题项的数量，避免调查者产生疲劳感。另外，在问卷问题的排列顺序上，遵循“先大后小”和“先易后难”的原则，先问基本情况、被调查者比较熟悉的问题，再问被调查者比较深刻、非常贴近研究主题的问题。

二、社会称许性偏差的处理

问卷调查与量表测量是收集个体态度、行为等数据的常用方法。在本书中，问卷题项和测量反映了一种个人价值取向，但是这种个人价值取向容易受到社会价值取向的影响。受社会价值取向引导的人们，或为自尊，或为给别人留下好印象，或为免受处罚或批评，在问卷或量表中常常否认自己有不被称许的态度或行为，而肯定自己持有正面价值取向的特质，对题项的社会价值判断并不是根据自己的实际情况作出的回答。这种社会称许性反应的倾向可能会造成反应偏差，进而影响调查和测量数据的效度。对于爱面子的中国人而言，社会称许性偏差可能更为明显。为了尽可能降低社会称许性偏差出现的可能，笔者在设计问卷项目的时候，采取了以下措施。第一，问卷卷首告知被调查者，本问卷纯出于学术研究目的，内容不会涉及商业机密，所有人的姓名在论文中都将被隐去，个人的回答将会受到严格的保密。这种做法有利于减轻被调查者心理压力，从而减小社会称许性问题带来的影响。第二，从条款来源上，尽量参考国内外发展相对成熟的测量量表，并根据国内情境进行适当的修改。第三，在测量条款的措辞上，尽量避免带有强烈感情色彩的词语，力求用客观词语表达；第四，通过设置反向问题在问项间形成相互验证，以推测数据的真实程度。

三、问卷设计的步骤

根据上述学者的建议，本书进行了问卷设计，具体的设计过程如图 5.1 所示。

（一）回顾文献，提炼相关的测量量表

整理国内外相关研究文献，收集、归纳相对成熟并被已有研究证实的测量量表，综合考虑原始量表的信度、效度，并结合本书的研究主题及中国文化特点形成各考察变量的初步测量问项。在借鉴国外相关研究量表时，为了保证量表在措辞上的准确性，以及在国内的适用性，笔者邀请了英语专业研究生和在美国的好友对翻译后的量表进行了审核和修改。

（二）修改和补充条款，进一步完善量表

首先，根据研究主题，对被调查者进行了深度访谈，对量表的条款进行修改和补充；其次，与数位博士生、硕士生以及副教授就测量条款的合理性进行了详细讨论，为使条款语言更加精练、准确，消除了初始问项的歧义或不明确之处；最后，形成了本问卷的初始测量

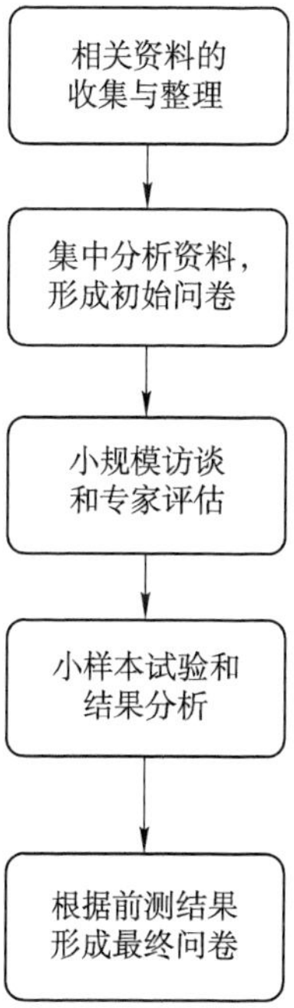

图5.1　问卷设计的步骤

条款。

（三）小样本试验和结果分析

在进行大规模问卷发放之前，有必要对初始问卷进行前测分析，及早发现研究设计和测量工具的缺点并加以修正。本书以 SPSS 16.0 作为数据分析工具，对小规模调查收集的数据进行了因子分析、信度分析，筛选出最合适的测量问项，形成最终用于大规模发放的简洁、有效问卷。

第二节　研究变量的测量

根据前文论述的概念模型和研究假设，本书需要测量的变量包括 13 个潜变量，具体包括外源潜变量利他价值、社会价值、实用价值、情感价值、确认、社会交互联结、信任、社区规范及知识自我效能，内生潜变量感知价值、满意度、持续知识共享意愿、持续知识共享行为。本书中各类变量测量量表项目的来源主要有四个方面：一是借鉴国内外相关文献中已经被证实有效或是相对成熟的测量项目；二是笔者对好友关系圈的实地访谈结果；三是本书的实际需要；四是借鉴相关理论或文献研究。为了便于与已有研究结论进行对比分析，本书各变量测量量表是在参考国内外相关量表研究的基础上，结合中国文化特点以及本书需要进行适度修改而成。

一、利他价值

根据前文论述，利他价值表现为社区成员出于道德考虑而进行知识共享活动的一种义务行为。在操作上，本书参考 Wasko 和 Faraj（2005）、Yu 和 Chu（2007）的问卷量表设计，并依据实验的设计情境加以适当修改，测量的题项有四个项目（如表 5.1 所示）。对于利他价值的测量，采用李克特七级量表，选择“非常同意”者给 7 分，选择“非常不同意”者给 1 分，以此类推。分数越高表明受测者越认同测量项目中所描述的情形，分数越低表明受测者越不认同测量项目中所描述的情形。以下变量的测量与此相同，后文不再重复。

表 5.1　利他价值的初始测量条款

项目编号	项目描述	参考来源
AV1	在该社区，如果我有机会，我会帮助其他社区成员解决他们发帖求助的问题	Wasko 和 Faraj（2005）、Yu 和 Chu（2007）
AV2	在该社区，如果我有机会，我会花一些时间帮助其他有需要的社区成员	
AV3	在该社区，我会共享我的知识、经验和见解来帮助其他有需要的社区成员	
AV4	在该社区，帮助其他成员解决问题让我觉得有成就感	

二、社会价值

根据前文论述，社会价值是指社区成员对知识共享行为在社区生活中自我强化能力的感知，具体而言，包括社区成员地位的提高、声誉的提升、人际关系的改善等内容。在操作上，本书参考 Sweeney 和 Soutar（2001）的问卷量表设计，并依据实验的设计情境加以适当修改，测量的题项有四个项目（如表 5.2 所示）。

表 5.2　社会价值的初始测量条款

项目编号	项目描述	参考来源
SV1	在该社区，与其他成员分享我的知识、经验等，能够提高我在社区中的形象	Sweeney 和 Soutar（2001）
SV2	在该社区，与其他成员分享我的知识、经验等，能够提高我在社区中的知名度	
SV3	当与其他社区成员分享我的知识、经验等时，其他成员会特别尊敬我，我希望获得这种尊敬	
SV4	社区中经常发帖的人有较高的声望，我很羡慕他们	

三、实用价值

根据前文论述，实用价值是虚拟社区成员对知识共享行为“收益”与“牺牲”的总体感知。在操作上，本书参考 Kankanhalli 等（2005）的问卷量表设计，并依据实验的设计情境加以适当修改，测量的题项有三个项目（如表 5.3 所示）。

表 5.3　实用价值的初始测量条款

项目编号	项目描述	参考来源
UV1	在该社区共享我的知识、经验等可以积累更多的虚拟货币，这对我较为重要	Kankanhalli 等（2005）
UV2	在该社区共享我的知识、经验等可以获得更高的成员等级，这对我较为重要	
UV3	在该社区共享我的知识、经验等可以获得荣誉会员，这对我较为重要	

四、情感价值

根据前文论述，情感价值是指社区成员通过知识共享活动所触发的某些情感或情绪，如高兴、愉快、轻松、满足等。在操作上，本书参考 Sweeney 和 Soutar（2001）的问卷量表设计，并依据实验的设计情境加以适当修改，测量的题项有四个项目（如表 5.4 所示）。

表 5.4　情感价值的初始测量条款

项目编号	项目描述	参考来源
EV1	通过该社区共享我的知识、经验等来帮助别人，对我来说是种愉快的经历	Sweeney 和 Soutar（2001）
EV2	通过该社区共享我的知识、经验等来帮助别人，让我感觉良好	Sweeney 和 Soutar（2001）
EV3	通过该社区共享我的知识、经验等来帮助别人，让我感觉很高兴	
EV4	通过该社区共享我的知识、经验等来帮助别人，让我感觉很有意义	

五、感知价值

根据前文论述，感知价值是指虚拟社区成员对知识共享活动所形成价值的主观认知和综合评价。在操作上，本书参考 Wang 等（2004）、Tung（2004）以及 Kuo 等（2009）的问卷量表设计，并依据实验的设计情境加以适当修改，测量的题项有四个项目（如表 5.5 所示）。为降低社会称许性偏差造成的影响，设置了 PV4 反向测量条款进行验证。

表 5.5　感知价值的初始测量条款

项目编号	项目描述	参考来源
PV1	在该社区花一些时间共享我的知识、经验等，我认为是值得的	Wang 等（2004）、Tung（2004）、Kuo 等（2009）
PV2	在该社区付出一些努力共享我的知识、经验等，我认为是值得的	
PV3	在该社区共享我的知识、经验等帮助他人是明智之举	
PV4	相比我的付出，在该社区分享我的知识、经验等，我认为并不值得	

六、确认

根据前文论述，确认系由绩效表现和期望的差距而来，由合并期望和知觉绩效共同决定，它是形成满意的重要前因。确认会产生三种不同的结果：负向不确认、确认和正向不确认。在操作上，本书参考 Bhattacherjee（2004）、Wei 等（2009）的问卷量表设计，并依据实验的设计情境加以适当修改，测量的题项有五个项目（如表 5.6 所示）。为降低社会称许性偏差造成的影响，设置了 CON5 反向测量条款进行验证。

表 5.6　确认的初始测量条款

项目编号	项目描述	参考来源
CON1	通过该社区共享我的知识、经验等，给我带来的愉快体验超出了我的预期	Bhattacherjee（2004）、Wei 等（2009）

续表

项目编号	项目描述	参考来源
CON2	通过该社区共享我的知识、经验等，给我带来的报酬和奖励超出了我的预期	Bhattacherjee（2004）、Wei 等（2009）
CON3	通过该社区共享我的知识、经验等，在提升我个人形象方面超出了我的预期	
CON4	通过该社区共享我的知识、经验等，使我结交了更多的朋友，这超出了我的预期	
CON5	在该社区共享我的知识、经验和见解后，我对社区成员的反应常常感到失望	

七、满意度

根据前文论述，满意度是指虚拟社区成员在知识共享过程中所产生的一种心理结果。在操作上，本书参考 Bhattacherjee（2001a，2001b）的问卷量表设计，并依据实验的设计情境加以适当修改，测量的题项有四个项目（如表 5.7 所示）。

表 5.7　满意度的初始测量条款

项目编号	项目描述	参考来源
SA1	与其他社区成员分享我的知识、经验和见解，我认为是做了正确的事情	Bhattacherjee（2001a，2001b）
SA2	与其他社区成员分享我的知识、经验和见解，我认为是明智的	
SA3	我比较满意与其他社区成员分享知识的过程和体验	
SA4	在该社区分享知识的过程和体验，我会感到愉悦	

八、社会交互联结

根据前文论述，社会互动联结关注二元层次上的社会关系，强调行动者之间的密度、强度、规模等社会联结属性解释特定的行为和过程。在操作上，本书参考 Granovetter（1985），Chiu、Hsu 和 Wang（2006）的问卷量表设计，并依据实验的设计情境加以适当的修改，测量的题项有四个项目（如表 5.8

所示）。

表 5.8 社会交互联结的初始测量条款

项目编号	项目描述	参考来源
SIT1	我与社区内其他成员保持紧密的在线联系	Granovetter（1985），Chiu、Hsu 和 Wang（2006）
SIT2	我花大量的时间进行与社区内其他成员的交流	
SIT3	我对社区内的一些成员有深入的了解	
SIT4	我与社区内的一些成员有频繁的交流	

九、信任

根据前文论述，信任是指在虚拟社区知识共享中，团队成员愿意相信他人的言辞、行为或决策，而进行知识共享行为的决策的程度。在操作上，本书参考 Chiu、Hsu 和 Wang（2006）的问卷量表设计，并依据实验的设计情境加以适当修改，测量的题项有四个项目（如表 5.9 所示）。

表 5.9 信任的初始测量条款

项目编号	项目描述	参考来源
TR1	我知道该社区大多数的社区成员是真诚的	Chiu、Hsu 和 Wang（2006）
TR2	该社区成员之间是基于一种可信和诚实的相互关系	
TR3	该社区成员总能遵守承诺	
TR4	当我有事情请教社区成员时，他们会积极地帮助我	

十、社区规范

根据前文论述，社区规范是指所有社区成员相互交往所达成的一致行为规则和标准，一旦生成，就会形成对社区成员的行为产生自发的约束作用，社区成员都会自觉遵守和维护，无须第三者监督或强制执行。在操作上，本书参考 Kankanhalli 等（2005）的问卷量表设计，并依据实验的设计情境加以适当修改，测量的题项有三个项目（如表 5.10 所示）。

表 5.10　社区规范的初始测量条款

项目编号	项目描述	参考来源
CN1	我认为该社区环境是开放的，允许不同观点存在	Kankanhalli 等（2005）
CN2	我认为在社区中有一个合作的规范	
CN3	我认为在社区中有一个协作的规范	

十一、知识自我效能

根据前文论述，知识自我效能是指社区成员对知识共享行为能力的一种判断。在操作上，本书参考 Chen 等（2010）的问卷量表设计，并依据实验的设计情境加以适当修改，测量的题项有四个项目（如表 5.11 所示）。

表 5.11　知识自我效能的初始测量条款

项目编号	项目描述	参考来源
KSE1	我自信能够提供社区其他成员认为有价值的知识	Chen 等（2010）
KSE2	我认为我提供的专业知识、经验和见解对社区的其他成员是有价值的	
KSE3	通过贡献知识，我能肯定自己的知识能力	
KSE4	对于社区其他成员发布的信息和文章，我认为我能够积极回应或增加评论	

十二、持续知识共享意愿

根据前文论述，持续知识共享意愿即指持续知识共享的意向，用来衡量社区成员持续知识共享行为的意愿强烈程度。在操作上，本书参考 Chiu 等（2010）、Fang 和 Chiu（2010）的问卷量表设计，并依据实验的设计情境加以适当修改，测量的题项有四个项目（如表 5.12 所示）。

表 5.12　持续知识共享意愿的初始测量条款

项目编号	项目描述	参考来源
CI1	如果有可能，我愿意继续与其他社区成员分享我的知识、经验和见解	Chiu 等（2010）、Fang 和 Chiu（2010）

续表

项目编号	项目描述	参考来源
CI2	在未来，我期望与社区其他成员分享我的知识、经验和见解	Chiu 等（2010）、Fang 和 Chiu(2010)
CI3	在未来，我将继续与其他社区成员分享我的知识、经验和见解	

十三、持续知识共享行为

在操作上，本书参考 Davenport 和 Prusak（1998）、Hsu 等（2006）的问卷量表设计，并依据实验的设计情境加以适当修改，测量的题项有四个项目（如表 5.13 所示）。

表 5.13　持续知识共享行为的初始测量条款

项目编号	项目描述	参考来源
CB1	我经常利用一些时间与其他社区成员分享我的知识、经验和见解	Davenport 和 Prusak（1998）、Hsu 等（2006）
CB2	我经常参与知识分享的活动，与其他社区成员分享我的知识、经验和见解	
CB3	当进入该社区，我总是积极地参与知识分享的活动，与其他社区成员分享我的知识、经验和见解	
CB4	当讨论一个复杂的问题时，我总是参与到随后的互动中	

第三节　问卷前测与小样本检验

在大规模发放问卷和收集数据之前，有必要对初始问卷进行问卷前测，以提高问卷的信度和效度。具体的方法是，收集一定规模的样本数据，利用 SPSS、Liserl 或者 AMOS 等统计分析软件对各变量进行初步数据处理，依据分析的结果，对测量项目和问题进行删除或者修正（马庆国，2002；李怀祖，2004）。

小样本调研于 2011 年 10 月进行。由于本书的主题是虚拟社区，在研究对象上应该选取网络经验比较丰富的群体，作为本次样本数据的来源。考虑到笔者在高校工作，学生资源优势明显，并且可以对影响调查过程的外部因素进行控制；再加上大学生作为网络参与的主力军，对互联网的各大论坛、BBS 等虚拟社区有一定的了解，所以本书的小样本数据主要来自大学生群体。另外，笔者还向圈中好友发放了 10 余份问卷。最终回收问卷 81 份。对问卷的有效性进行检测，删除了无效问卷，具体原则有三条：①问卷中“不确定”选项过多的；②问卷回答中有前后矛盾现象的；③问卷中有多处回答缺失的。经过筛选，最后获得有效问卷 77 份，有效回收率为 95%。

一、小样本的数据描述

小样本调查问卷中被调查对象的性别、年龄及学历的描述性统计如表 5.14 所示。在正态性检验方面，一般认为数据符合正态分布的依据是偏度绝对值小于 3，峰度绝对值小于 10。从数据分析结果来看，样本偏度绝对值小于 2，峰度绝对值小于 4，表明各测量条款的值基本服从正态分布，适合进行下一步分析。

表 5.14　小样本数据部分描述性统计

指标	类型	频率（人）	占比（%）	累积百分比（%）
性别	男	26	33.8	33.8
	女	51	66.2	100.0
	合计	77	100.0	
年龄	20 岁以下	26	33.8	33.8
	21~25 岁	41	53.2	87.0
	26~30 岁	8	10.4	97.4
	31~40 岁	2	2.6	100.0
	合计	77	100.0	
学历	大专	26	33.8	33.8
	本科	47	61.0	94.8
	硕士	2	2.6	97.4
	博士	2	2.6	100.0
	合计	77	100.0	

二、小样本检验的程序与标准

为了提高问卷的信度和效度，需要对收集的样本进行预检验。本书主要从信度分析和探索性因子分析（Exploratory Factor Analysis，EFA）两方面对问卷项目进行精简和修改。信度分析可以删除对测量变量毫无贡献的问卷项目，以增进测量变量的信度；探索性因子分析可以确定量表的基本构成和问项。具体方法如下：

首先，采用校正项总体相关性（CITC）分析和 α 信度系数法净化测量条款。CITC 分析即利用纠正条款的总相关系数进行测量条款的净化。一般认为，CITC 值小于 0.3 且删除后可以增加 α 值的条款，应予以删除；也有学者认为，CITC 值小于 0.5 的条款就应该删除。本书用 0.3 作为删除测量条款的标准。α 信度系数法被用来测量项目的内部一致性。多数学者（Nully，1978；Bock 等，2005）认为净化后的测量条款的 α 信度系数应该达到 0.7 以上才能满足信度的基本要求；若删除某项测量条款后 α 信度系数增大，表明可以删除该项条款。

其次，对净化后的所有测量条款进行探索性因子分析。第一步，对样本进行 KMO 样本充分性测度（Kaiser-Meyer-Olkin Measure of Sampling Adequacy）和巴特莱特（Bartlett）球形检验。KMO 是 Kaiser-Meyer-Olkin 的取样适当性量数，其值界定在 0~1，KMO 值越接近于 1，表明变量间的共同因子越多，变量间的净相关系数越低，越适合进行因子分析。根据学者 Kaiser（1974）的观点，KMO 值在 0.9 以上，表明非常适合进行因子分析；KMO 值在 0.8~0.9，表明很适合进行因子分析；KMO 值在 0.7~0.8，表明适合进行因子分析；KMO 值在 0.5~0.6，表明很勉强进行因子分析；KMO 值在 0.5 以下，表明不适合进行因子分析。Bartlett 球形检验的统计性概率小于或等于显著性水平时，表明可以进行因子分析。如果分析结果表明适合进行因子分析，下一步，应对所有变量进行探索性因子分析。探索性因子分析的目的是找出测量项目的共同属性，并检验不同变量间的区别效度。区别效度探讨的是排他性的问题。本书利用主成分分析方法对测量条款进行因子提取，并采用最大方差法进行因子旋转。在因子个数的选择方面，采用特征值大于 1 为参考标准。在对区分效度进行评价时，遵循以下原则：其一，项目在所属因子的载荷量必须大于 0.5，表明其具有内敛效度，否则删除。其二，项目所对应的因子载荷量应大于 0.5，越大越好，而在其他因子的载荷量均应小于 0.5，越小越好；如果出现某项目两个或两个以上的因子载荷量均大于 0.5，属于横跨现象，应给予删除。其三，如果一个项目自成一个因子，表明不具有内部一致性，应给予删除。

三、小样本量表的检验

根据上述分析方法对模型中的各个变量进行数据分析，具体分析结果如下：

（一）利他价值量表的 CITC 和信度分析

采用 CITC 法和 α 信度系数法删除或净化相关测量条款，从表 5.15 中可以看出，在利他价值量表的测量条款中，AV4 的初始 CITC 值为 0.276，小于 0.3，可以将该项目删除。结果显示，该项目删除后 α 信度系数有所提高，从 0.797 上升到 0.863，而删除该项目后的其他 CITC 值分别为 0.768、0.880 和 0.843，均大于 0.3。利他价值量表的最终整体 α 信度系数为 0.863，大于 0.7，表明条款具有较高的内部一致性。

表 5.15　利他价值量表的 CITC 和信度分析

测量项目	初始 CITC 值	最终 CITC 值	删除该项目后的 α 系数	α 系数
AV1	0.731	0.768	0.749	初始 α=0.797 最终 α=0.863
AV2	0.873	0.880	0.723	
AV3	0.824	0.843	0.798	
AV4	0.276	—	—	

（二）社会价值量表的 CITC 和信度分析

从表 5.16 中可以看出，社会价值量表各测量条款的初始 CITC 值均大于 0.3，其中 SV1 为 0.646、SV2 为 0.791、SV3 为 0.636、SV4 为 0.612。而项目删除后的 α 信度系数分别为 0.805、0.736、0.808 和 0.818。经过计算，删除测量条款后量表的 α 信度系数并没有较大的提升，所以应保留测量条款。社会价值量表的整体 α 信度系数为 0.837，大于 0.7，说明量表符合研究的要求。

表 5.16　社会价值量表的 CITC 和信度分析

测量项目	初始 CITC 值	删除该项目后的 α 系数	α 系数
SV1	0.646	0.805	α=0.837
SV2	0.791	0.736	
SV3	0.636	0.808	
SV4	0.612	0.818	

（三）实用价值量表的 CITC 和信度分析

从表 5.17 中可以看出，实用价值量表各测量条款的初始 CITC 值均大于 0.3，其中 UV1 为 0.757、UV2 为 0.845、UV3 为 0.778。而项目删除后的 α 系数分别为 0.881、0.805、0.862。经过计算，删除测量条款后，量表的 α 信度系数并没有较大的提升，所以应保留测量条款。社会价值量表的整体 α 信度系数为 0.895，大于 0.7，说明量表符合研究的要求。

表 5.17　实用价值量表的 CITC 和信度分析

测量项目	初始 CITC 值	删除该项目后的 α 系数	α 系数
UV1	0.757	0.881	α=0.895
UV2	0.845	0.805	
UV3	0.778	0.862	

（四）情感价值量表的 CITC 和信度分析

从表 5.18 中可以看出，在情感价值量表的测量条款中，EV3 的初始 CITC

值为0.224，小于0.3，可以将该项目删除。结果显示，该项目删除后，量表的 α 系数有所提高，从0.761上升到0.880，而删除该项目后，其他项目的CITC值分别为0.745、0.760和0.839，均大于0.3。情感价值量表的最终整体 α 信度系数为0.880，大于0.7，表明条款具有较高的内部一致性。

表5.18 情感价值量表的CITC和信度分析

测量项目	初始CITC值	最终CITC值	删除该项目后的 α 系数	α 系数
EV1	0.703	0.745	0.744	初始 α=0.761 最终 α=0.880
EV2	0.789	0.760	0.762	
EV3	0.224	—	—	
EV4	0.838	0.839	0.801	

（五）感知价值量表的CITC和信度分析

从表5.19中可以看出，感知价值量表各测量条款的初始CITC值均大于0.3，其中PV1为0.644、PV2为0.789、PV3为0.832、PV4为0.730。而项目删除后的 α 系数分别为0.885、0.833、0.814和0.859，并没有较大的提升，所以应保留测量条款。感知价值量表的整体 α 信度系数为0.882，大于0.7，说明量表符合研究的要求，具有较高的内部一致性。

表5.19 感知价值量表的CITC和信度分析

测量项目	初始CITC值	删除该项目后的 α 系数	α 系数
PV1	0.644	0.885	α=0.882
PV2	0.789	0.833	
PV3	0.832	0.814	
PV4	0.730	0.859	

（六）确认量表的CITC和信度分析

从表5.20中可以看出，确认量表各测量条款的初始CITC值均大于0.3，其中CON1为0.823、CON2为0.672、CON3为0.798、CON4为0.597、CON5为0.665。而项目删除后的 α 系数分别为0.823、0.860、0.829、0.878和0.862。

经过计算，删除测量条款后，量表的 α 信度系数并没有较大的提升，所以应保留测量条款。确认量表的整体 α 信度系数为 0.877，大于 0.7，说明量表符合研究的要求，具有较高的内部一致性。

表 5.20　确认量表的 CITC 和信度分析

测量项目	初始 CITC 值	删除该项目后的 α 系数	α 系数
CON1	0.823	0.823	α=0.877
CON2	0.672	0.860	
CON3	0.798	0.829	
CON4	0.597	0.878	
CON5	0.665	0.862	

（七）满意度量表的 CITC 和信度分析

从表 5.21 中可以看出，满意度量表各测量条款的初始 CITC 值均大于 0.3，其中 SA1 为 0.704、SA2 为 0.753、SA3 为 0.788、SA4 为 0.752。而项目删除后的 α 系数分别为 0.868、0.849、0.835 和 0.850。经过计算，删除测量条款后，量表的 α 信度系数并没有较大的提升，所以应保留测量条款。满意度量表的整体 α 信度系数为 0.884，大于 0.7，说明量表符合研究的要求，具有较高的内部一致性。

表 5.21　满意度量表的 CITC 和信度分析

测量项目	初始 CITC 值	删除该项目后的 α 系数	α 系数
SA1	0.704	0.868	α=0.884
SA2	0.753	0.849	
SA3	0.788	0.835	
SA4	0.752	0.850	

（八）社会交互联结量表的 CITC 和信度分析

从表 5.22 中可以看出，社会交互联结量表各测量条款的初始 CITC 值均大于 0.3，其中 SIT1 为 0.777、SIT2 为 0.762、SIT3 为 0.782、SIT4 为 0.860。

而项目删除后的 α 系数分别为 0.888、0.894、0.886 和 0.858。经过计算，删除测量条款后，量表的 α 信度系数并没有较大的提升，所以应保留测量条款。社会交互联结量表的整体 α 信度系数为 0.909，大于 0.7，说明量表符合研究的要求，具有较高的内部一致性。

表 5.22 社会交互联结量表的 CITC 和信度分析

测量项目	初始 CITC 值	删除该项目后的 α 系数	α 系数
SIT1	0.777	0.888	α=0.909
SIT2	0.762	0.894	
SIT3	0.782	0.886	
SIT4	0.860	0.858	

（九）信任量表的 CITC 和信度分析

从表 5.23 中可以看出，在信任量表的测量条款中，TR4 的初始 CITC 值为 0.238，小于 0.3，可以将该项目删除。结果显示，该项目删除后，α 系数有所提高，从 0.786 上升到 0.804，而删除该项目后其他项目的 CITC 值分别为 0.793、0.827 和 0.787，均大于 0.3。信任量表的最终整体 α 信度系数为 0.804，大于 0.7，表明条款具有较高的内部一致性。

表 5.23 信任量表的 CITC 和信度分析

测量项目	初始 CITC 值	最终 CITC 值	删除该项目后的 α 系数	α 系数
TR1	0.626	0.793	0.716	初始 α=0.786 最终 α=0.804
TR2	0.739	0.827	0.768	
TR3	0.663	0.787	0.804	
TR4	0.238	—	—	

（十）社区规范量表的 CITC 和信度分析

从表 5.24 中可以看出，社区规范量表各测量条款的初始 CITC 值均大于 0.3，其中 CN1 为 0.576、CN2 为 0.811、CN3 为 0.811。而项目删除后的 α 系数分别为 0.940、0.722、0.706，并没有较大的提升，所以应保留测量条款。社区规范量表的整体 α 信度系数为 0.852，大于 0.7，说明量表符合研究的要求，具有较高的内部一致性。

表 5.24　社区规范量表的 CITC 和信度分析

测量项目	初始 CITC 值	删除该项目后的 α 系数	α 系数
CN1	0.576	0.940	α=0.852
CN2	0.811	0.722	
CN3	0.811	0.706	

（十一）知识自我效能量表的 CITC 和信度分析

从表 5.25 中可以看出，知识自我效能量表各测量条款的初始 CITC 值均大于 0.3，其中 KSE1 为 0.754、KSE2 为 0.701、KSE3 为 0.733、KSE4 为 0.767。而项目删除后的 α 系数分别为 0.740、0.765、0.749 和 0.873。经过计算，删除测量条款后，量表的 α 信度系数并没有较大的提升，所以应保留测量条款。知识自我效能量表的整体 α 信度系数为 0.829，大于 0.7，说明量表符合研究的要求，具有较高的内部一致性。

表 5.25　知识自我效能量表的 CITC 和信度分析

测量项目	初始 CITC 值	删除该项目后的 α 系数	α 系数
KSE1	0.754	0.740	α=0.829
KSE2	0.701	0.765	
KSE3	0.733	0.749	
KSE4	0.767	0.873	

（十二）持续知识共享意愿量表的 CITC 和信度分析

从表 5.26 中可以看出，持续知识共享意愿量表各测量条款的初始 CITC 值均大于 0.3，其中 CI1 为 0.790、CI2 为 0.858、CI3 为 0.869。而项目删除后的 α 系数分别为 0.924、0.870、0.853。经过计算，删除测量条款后，量表的 α

信度系数并没有较大的提升，所以应保留测量条款。持续知识共享意愿量表的整体 α 信度系数为 0.918，大于 0.7，说明量表符合研究的要求，具有较高的内部一致性。

表 5.26　持续知识共享意愿量表的 CITC 和信度分析

测量项目	初始 CITC 值	删除该项目后的 α 系数	α 系数
CI1	0.790	0.924	α=0.918
CI2	0.858	0.870	
CI3	0.869	0.853	

（十三）持续知识共享行为量表的 CITC 和信度分析

从表 5.27 中可以看出，持续知识共享行为量表各测量条款的初始 CITC 值均大于 0.3，其中 CB1 为 0.738、CB2 为 0.821、CB3 为 0.753、CB4 为 0.762。而项目删除后的 α 系数分别为 0.854、0.782、0.849、0.834。经过计算，删除测量条款后，量表的 α 信度系数并没有较大的提升，所以应保留测量条款。持续知识共享行为量表的整体 α 信度系数为 0.879，大于 0.7，说明量表符合研究的要求，具有较高的内部一致性。

表 5.27　持续知识共享行为量表的 CITC 和信度分析

测量项目	初始 CITC 值	删除该项目后的 α 系数	α 系数
CB1	0.738	0.854	α =0.879
CB2	0.821	0.782	
CB3	0.753	0.849	
CB4	0.762	0.834	

四、小样本的探索性因子分析

在对收集的小样本数据进行探索性因子分析之前，需要检验变量间的相关性，只有变量间具有较高的相关性时才适合进行因子分析。对样本进行 KMO 样本测度和 Bartlett 球形检验。本书在信度分析环节删除了 3 个测量变量，剩下了 13 个变量、47 个测量项目。下面对该 47 个测量项目进行 KMO 测度和 Barlett 球形检验，其结果如表 5.28 所示。

表 5.28　KMO 测度和 Bartlett 球形检验

KMO 测度		0.797
Bartlett 球形检验	近似卡方	4039.265
	自由度	1326
	显著性	0.000

根据前文论述，KMO 值越接近 1，越适合进行因子分析；当 KMO 为 0.7~0.9，表明该量表适合进行因子分析。Bartlett 球形检验是从整个相关系数矩阵进行考虑的，其零假设（H0）是相关系数矩阵为单位矩阵，当拒绝 H0 时，就可以作因子分析。根据上述规则，本书分析结果显示 KMO 值为 0.797，Bartlett 球形检验达到显著，表明 47 个项目适合进行进一步的因子分析。

本书运用 SPSS 19.0 对小样本数据进行探索性因子分析，采取主成分分析法抽取共同因子，以 Kaiser 特征值大于 1 作为因子选择的标准，在直交转轴中采用最大变异法（Varimax）进行转轴，最终得到不同测量项目的因子载荷量。通过将因子与变量进行一一对应，得到探索性因子分析结果。因子分析结果萃取了 13 个共同因子，分别对应于本书的 13 个变量，总共解释了方差 82.883% 的变异量，已超过 60% 的最低标准，表明保留的 13 个因子是适切的。

采用最大变异法进行直交转轴的目的在于获取简单结构，使一个共同因子能够很清楚地被一组变量所界定，使每一个题项变量能归属于一个明确的主因子。在初次转轴的分析结果中发现，因子载荷量若以 0.4 为标准，KSE4、CB4 以及 CON5 横跨两个因子，表明该测量条款与两个主因素密切相关，应予以删除。删除该测量项目后，重新采用最大变异法转轴后的结果如表 5.29 所示。表 5.29 表明，同属一个成分的测量项目，其最大因子载荷量具有聚集性，也就是说，相对于其他因子而言，同一成分的测量项目在对应的因子上显示出较高的载荷量，表明该量表具有一定的区分效度。

删除 KSE4、CON5 以及 CB4 测量条款后，需要重新计算知识自我效能、确认以及持续知识共享行为的 α 信度系数，计算结果分别为 0.899、0.929、0.935，比之前的信度有所提高。删除该项条款后，本书用于正式调查的问卷包含 44 项测量条款。通过量表的信度分析和探索性因子分析，共删除 6 项测量条款，量表各测量条款的 α 信度系数达到了最低标准，本书的问卷测量条款自此确定。

表 5.29 小样本的探索性因子分析

	成分												
	1	2	3	4	5	6	7	8	9	10	11	12	13
SU2	0.802	0.094	0.052	−0.018	0.276	0.066	0.193	−0.032	0.170	0.042	0.110	−0.119	−0.012
SU3	0.709	0.187	0.088	0.100	0.125	0.071	0.124	0.039	−0.008	0.086	0.283	0.025	−0.288
SU4	0.708	0.114	0.093	0.208	−0.148	0.161	0.067	0.048	0.165	0.289	−0.057	−0.104	0.156
SU1	0.604	0.030	0.132	−0.053	0.170	0.365	0.166	0.072	0.156	0.121	−0.163	0.007	0.170
CI1	0.303	0.567	0.135	0.336	0.307	0.181	0.021	0.084	0.272	0.083	0.092	0.039	0.269
CI2	0.195	0.534	−0.030	0.491	0.139	0.167	0.042	0.019	0.193	0.271	0.294	−0.007	0.092
CI3	0.238	0.513	−0.026	0.408	0.216	0.073	0.053	0.041	0.351	0.350	0.242	−0.084	0.126
SIT3	0.116	0.082	0.869	−0.096	0.103	0.082	0.035	−0.013	0.072	0.159	0.110	0.087	−0.015
SIT4	0.086	0.149	0.857	0.105	0.202	0.037	0.075	−0.039	0.016	0.104	0.046	0.164	0.106
SIT1	0.041	0.217	0.782	0.240	0.113	0.070	0.181	0.247	0.005	0.023	0.014	−0.001	−0.067
SIT2	0.069	0.180	0.764	0.072	0.153	−0.098	0.085	0.124	−0.068	−0.088	0.215	0.110	0.181
KSE1	−0.026	0.211	0.146	0.869	0.039	0.030	0.106	0.087	0.171	0.049	0.042	−0.047	0.026
KSE2	0.096	0.126	0.083	0.841	0.097	−0.010	0.138	−0.020	0.217	0.075	0.023	0.096	0.045
KSE3	0.212	0.285	0.010	0.660	0.078	−0.060	0.195	0.352	0.094	0.109	0.070	0.168	0.070
CON1	0.255	0.182	0.289	0.142	0.725	0.175	0.067	0.129	0.179	0.171	−0.003	0.052	−0.041
CON3	0.315	0.160	0.265	0.099	0.714	0.021	0.118	0.231	−0.014	0.143	0.055	0.081	0.136
CON2	0.084	0.275	0.247	−0.001	0.695	0.158	0.296	0.063	0.064	0.076	−0.014	0.033	0.121
CON4	0.337	0.058	0.371	0.173	0.402	0.087	−0.143	0.158	−0.164	0.220	0.179	−0.206	0.272

续表

	成分												
	1	2	3	4	5	6	7	8	9	10	11	12	13
AV1	0.255	0.211	0.086	-0.050	0.060	0.845	0.087	0.113	0.072	0.058	0.180	0.024	-0.047
AV2	0.335	0.135	0.060	0.057	0.185	0.808	0.059	0.114	0.080	0.113	-0.026	-0.039	0.139
AV3	0.342	0.122	-0.080	0.079	0.123	0.642	0.033	0.218	0.170	0.215	-0.086	0.083	0.158
UV2	0.126	0.045	0.095	0.068	0.076	0.145	0.907	0.028	0.019	0.011	0.008	-0.060	0.026
UV3	0.266	0.055	0.082	0.102	0.014	-0.020	0.839	0.030	-0.077	0.135	-0.053	0.111	0.002
UV1	0.013	0.010	0.073	0.186	0.181	0.029	0.833	0.004	-0.029	0.074	0.184	-0.095	0.074
SA3	0.106	0.247	0.196	0.131	0.184	0.209	0.122	0.754	0.219	0.112	0.088	0.168	0.020
SA4	0.292	0.341	0.122	-0.026	0.168	0.283	-0.117	0.676	0.160	0.076	0.142	0.080	0.022
SA2	0.389	0.245	0.076	0.167	0.197	0.010	0.051	0.520	0.100	0.520	0.105	-0.085	0.115
SA1	0.351	0.075	0.089	0.396	0.290	0.205	0.060	0.490	0.065	0.268	0.150	-0.066	0.162
SN2	0.162	0.192	0.119	0.131	0.059	0.096	-0.089	0.217	0.836	0.048	0.191	0.046	0.049
SN3	0.162	0.269	0.117	0.285	-0.018	0.106	-0.094	0.198	0.781	0.097	0.135	-0.028	0.004
SN1	0.147	0.130	-0.294	0.303	0.154	0.110	0.105	-0.079	0.671	0.226	0.012	0.062	-0.001
PV2	0.279	0.257	0.149	0.101	0.150	0.328	0.023	0.123	0.164	0.709	0.067	0.057	0.014
PV3	0.360	0.336	0.118	0.100	0.101	0.128	0.240	0.274	0.219	0.583	0.159	0.144	0.065
PV4	0.237	0.305	0.290	0.076	0.328	-0.023	0.293	0.248	0.177	0.555	-0.095	0.045	-0.039
PV1	0.211	0.138	0.009	0.357	0.430	0.153	0.212	-0.047	0.036	0.547	0.198	0.037	0.103

续表

	成分												
	1	2	3	4	5	6	7	8	9	10	11	12	13
TR3	0.052	0.223	0.353	0.068	-0.031	0.134	0.013	0.071	0.225	0.147	0.704	0.203	-0.024
TR2	0.011	0.041	0.401	0.127	0.132	-0.001	-0.063	0.101	-0.013	0.038	0.569	0.776	0.153
TR1	-0.002	0.319	0.437	-0.034	-0.112	0.170	-0.063	0.179	0.268	0.118	0.503	0.490	-0.074
CB2	-0.050	0.269	0.321	0.239	0.133	0.304	0.295	0.201	0.097	0.087	0.050	0.540	0.380
CB1	0.135	0.155	0.240	0.168	0.097	0.184	0.119	0.085	0.110	0.259	0.177	0.553	0.309
CB3	-0.042	0.279	0.330	0.369	0.241	0.210	0.254	0.065	0.041	0.048	0.029	0.513	0.232
EV1	0.140	0.250	0.145	0.036	0.101	0.187	-0.081	0.194	-0.009	0.138	0.067	0.038	0.792
EV2	-0.039	0.067	-0.037	0.104	0.306	0.442	0.117	0.161	0.111	0.073	-0.020	0.157	0.678
EV3	-0.172	0.204	0.009	0.098	0.247	0.291	0.220	0.246	0.131	0.086	0.086	0.200	0.610

第六章　假设模型的检验

通过对初始问卷进行预测试并进行一定的修正后，形成了最终的正式问卷，以进行大规模调研。问卷调查时间为 2011 年 11 月—2012 年 2 月，具体方法是借助网络公司“问卷星”免费提供的网络平台形成电子问卷，然后向各虚拟社区发布该电子问卷的网络链接。由于本书的主题是虚拟社区中的知识共享，而非一般意义上的信息共享，因此研究对象的选取遵循两点：一是选取学术虚拟社区，如小木虫论坛、科学网等，原因是较之社交类虚拟社区，学术虚拟社区的内容专业性较强，原创内容也较多；二是选取一般虚拟社区中的专业板块，原因是在该板块中，社区成员发表意见、交换想法、沟通与交流的“知识特征”更为突出。

根据以上程序，本书回收问卷 336 份，经过筛选后得到有效问卷 292 份，有效回收率达 86.9%。问卷被剔除的原因主要有：①问卷回答不完整；②问卷作答不认真，如答题时间少于 200 秒、所有条款选同一选项、反向问项中存在明显问题等。

第一节　样本描述性统计分析

一、性别

样本性别分布如表 6.1 所示。在总计 292 份样本数据中，从被调查对象的性别分布来看，男性被调查者为 166 人，约占总量的 56.8%，女性被调查者为 126 人，约占总量的 43.2%。从统计分析结果来看，本次被调查对象中男性比例略大于女性。

表 6.1　调查样本的性别分布

选项	频率（人）	占比（%）	累积百分比（%）
男	166	56.8	56.8
女	126	43.2	100.0
合计	292	100.0	

二、年龄

在本次调查对象中，样本年龄被划分为四个阶段，其中 20 岁以下的有 8 人，约占总样本的 2.7%，21~25 岁的有 121 人，约占总样本的 41.4%，26~30 岁的有 73 人，约占总样本的 25%，31~40 岁的有 90 人，约占总样本的 30.8%。样本年龄分布如表 6.2 所示。

表 6.2　调查样本的年龄分布

选项	频率（人）	占比（%）	累积百分比（%）
20 岁以下	8	2.7	2.7
21~25 岁	121	41.4	44.2
26~30 岁	73	25.0	69.2
31~40 岁	90	30.8	100.0
合计	292	100.0	

三、学历

本次调查将学历大致划分为四个层次：大专、本科、硕士、博士。根据统计分析结果，大专学历有 8 人，约占 2.7%；本科学历有 86 人，约占 29.5%；硕士学历有 117 人，约占 40.1%；博士学历有 81 人，约占 27.7%。从学历层次来看，本书的调查对象主要为硕士及博士，符合知识拥有者的身份。样本学历分布如表 6.3 所示。

表 6.3　调查样本的学历分布

选项	频率（人）	占比（%）	累积百分比（%）
大专	8	2.7	2.7
本科	86	29.5	32.2
硕士	117	40.1	72.3
博士	81	27.7	100.0
合计	292	100.0	

四、论坛身份

本书将论坛身份划分为四种：社区经营者、论坛版主或管理员、高级会员以及普通会员。其中，社区经营者数量为 0；论坛版主或管理员有 3 人，约占样本数量的 1%；高级会员为 14 人，约占样本数量的 4.8%；普通会员为 275 人，约占样本数量的 94.2%。从论坛身份来看，本书的调查对象以普通会员为主。样本论坛身份分布如表 6.4 所示。

表 6.4　调查样本的论坛身份

选项	频率（人）	占比（%）	累积百分比（%）
社区经营者	0	0	0
论坛版主或管理员	3	1.0	1.0
高级会员	14	4.8	5.8

续表

选项	频率（人）	占比（%）	累积百分比（%）
普通会员	275	94.2	100.0
合计	292	100.0	

五、注册时间

注册时间是社区成员关注虚拟社区的时间。本书将注册时间划分为四个层次。其中，6 个月以下的有 101 人，占 34.6%；6 个月 ~1 年的有 54 人，占 18.5%；1~3 年的有 85 人，占 29.1%；3 年以上的有 52 人，占 17.8%。样本注册时间分布如表 6.5 所示。

表 6.5　调查样本注册社区的时间

选项	频率（人）	占比（%）	累积百分比（%）
6 个月以下	101	34.6	34.6
6 个月 ~1 年	54	18.5	53.1
1~3 年	85	29.1	82.2
3 年以上	52	17.8	100.0
合计	292	100.0	

六、访问频率

访问频率是社区成员每周访问虚拟社区的次数。本书将访问频率划分为四个层次：3 次以下、3~6 次、6~12 次、12 次以上。其中，3 次以下的有 34 人，占 11.6%；3~6 次的有 64 人，占 21.9%；6~12 次的有 92 人，占 31.5%；12 次以上的有 102 人，占 34.9%。样本访问频率分布如表 6.6 所示。

表 6.6　调查样本访问社区的频率

选项	频率（人）	占比（%）	累积百分比（%）
3 次以下	34	11.6	11.6
3~6 次	64	21.9	33.6

续表

选项	频率（人）	占比（%）	累积百分比（%）
6~12 次	92	31.5	65.1
12 次以上	102	34.9	100.0
合计	292	100.0	

第二节　数据的信度及效度评估方法

在进行正式的实证研究前，需要对样本数据进行质量评估，一般采用探索性因子分析和验证性因子分析（Confirmatory Factor Analysis，CFA）。EFA 与 CFA 两种分析方法最大的区别，在于测量变量的理论架构在分析过程中扮演的角色与检验时机。就 EFA 而言，测量变量的理论架构是因子分析后的产物，因子结构是研究中从一组独立的测量指标或题项间，由主观判断来决定的一个具有计量合理性与理论适切性的结构，并以该结构来代表所测量的概念内容或构念特征，即理论构架在 EFA 中是一个事后概念。相比之下，CFA 必须有特定的理论观点或概念架构作为基础，然后借由数学程序验证理论模型与实证数据的拟合程度。理论架构对 CFA 的影响是在分析之前发生的，其计量模型具有先验性[①]。

相较于传统的 EFA 数据质量评估方法，学者们更倾向于采用 CFA 方法对数据的信度与效度进行评估（黄芳铭，2005）。信度指的是测量结果的一致性或稳定性；效度则主要指用于评估多重指标的测量情况的建构效度，分为收敛效度和区分效度。具体的方法和标准如下。

一、信度检验

信度检验包括对观察变量的信度检验以及对因子的信度检验两种方式。

① 吴明隆 . 结构方程模型——AMOS 的操作与应用 [M]. 重庆：重庆大学出版社，2010.

一般而言，观察变量的信度系数用标准化因子载荷量的平方（R^2）来计算，只要观察变量的标准化因子载荷量大于 0.5，且 t 值达到显著，即可认为该观察变量具有信度。根据观察变量的标准化因子载荷量以及测量误差，可以计算出潜变量的信度指标。此种信度检验值被称为建构信度，其计算公式如下：

$$CR=\frac{(\sum \text{标准化因子载荷量})^2}{(\sum \text{标准化因子载荷量})^2+\sum \theta}$$

其中，θ 为观察变量的误差变异量。潜变量的组合信度为模型内在质量的判别标准之一，若潜变量的组合信度在 0.6 以上，表示模型内在质量佳，而若潜变量组合信度低于 0.5，表示至少有一半的观察变异来自随机误差，变量信度不足，不能接受。

同时，鉴于 Cronbach α 在专题研究中常用来作为测试信度的标准，本书也采用该方法评价因子信度。其计算公式为：

$$\alpha=\frac{k}{k-1}\left(1-\frac{\sum_{i=1}^{k}\sigma_i^2}{\sum_{i=1}^{k}\sigma_i^2+2\sum_{i=1}^{k}\sum_{j=1}^{k}\sigma_{i,j}}\right)$$

其中，k 为测量某一观念的题目数。一般认为，$\alpha \geqslant 0.70$ 时，表明变量具有高信度；$0.35 \leqslant \alpha \leqslant 0.7$，表明变量信度尚可，可以接受；$\alpha < 0.35$ 则属于低信度。

二、效度检验①

对效度的检验主要是考察内容效度和建构效度，其中建构效度包括收敛效度和区别效度。

测量工具的内容效度是指该测量工具涵盖了它所要测量的某一观念的所有项目。当测量工具是在测量我们想要测量的观念时，我们可以说这个测量

① 荣泰生 . AMOS 与研究方法 [M]. 重庆：重庆大学出版社，2009：82-85.

工具具有内容效度。目前对内容效度的检验并没有一个严谨或正式统计的检验方法，一般认为，当变量的问项来源于文献阅读时，就可以说内容效度存在。

收敛效度是指同一概念不同项目之间应该具有显著的相关性。对其测量可以采用提取平均方差抽取量（AVE）的方法。AVE 的计算公式如下：

$$\frac{\sum(\text{项目载荷})^2}{\sum(\text{项目载荷})^2+\sum\varepsilon_j}$$

AVE 评价了观察变量相对于测量误差而言所解释的方差总量，当 AVE>0.5 时，表明潜变量具有收敛效度。

区分效度所探讨的是排他性的问题。良好的区分效度应使其本身构面的 AVE 值大于本身构面与其他构面的相关系数平方值（Fornell 和 Larcker，1981）。本书采纳这一建议。如果两个潜变量之间的相关系数小于两个潜变量的均方根，则表明其具有区分性。

以上信度与效度的检验主要采用验证性因子分析，其中所采用的模型适配检验参数包括卡方（χ^2）统计量、适配度指数（Goodness-of-Fit Index，GFI）、调整后适配度指数（Adjust Goodness-of-Fit Index，AGFI）、渐进残差均方和平方根（Root Mean Square Error of Approximation，RMSEA）、赋范拟合指数（Normed Fit Index，NFI）、比较拟合指数（Comparative Fit Index，CFI）等。一般认为，卡方统计量的显著性水平应大于 0.05，卡方自由度比值（χ^2/df）应为 2~5，GFI、AGFI、RMSEA、NFI 和 CFI 的值应大于 0.9，而 RMSEA 的值应小于 0.1。

第三节　数据质量评估

本书依据模型构建的理论来源，将变量分为价值变量、期望满意变量、社会资本变量、社会认知变量以及结果变量，并依次进行数据质量评估。

一、信度分析

（一）价值变量的信度分析

参照小规模样本中的 CITC 和信度分析方法，对价值变量进行信度分析。根据 CITC 大于 0.3 和 α 系数大于 0.7 的标准，分析结果如表 6.7 所示。从表 6.7 中可以看出，各潜变量的测量条款的 CITC 值均大于 0.3，整体 α 系数分别为 0.798、0.881、0.942、0.914 和 0.870，均大于 0.7，表明测量量表符合信度要求。

表 6.7　价值变量的信度分析

潜变量	测量条款	CITC 值	删除该条款后的 α 系数	整体 α 系数
利他价值	AV1	0.738	0.573	0.798
	AV2	0.687	0.631	
	AV3	0.467	0.898	
社会价值	SV1	0.711	0.814	0.881
	SV2	0.727	0.804	
	SV3	0.812	0.752	
	SV4	0.681	0.865	
实用价值	UV1	0.840	0.947	0.942
	UV2	0.922	0.881	
	UV3	0.876	0.916	
情感价值	EV1	0.765	0.925	0.914
	EV2	0.841	0.845	
	EV3	0.860	0.835	
感知价值	PV1	0.818	0.798	0.870
	PV2	0.865	0.777	
	PV3	0.699	0.849	
	PV4	0.549	0.900	

（二）期望满意变量的信度分析

从表 6.8 中可以看出，期望满意变量各潜变量的测量条款的 CITC 值均大于 0.3，整体 α 系数分别为 0.929 和 0.884，均大于 0.7，表明测量量表符合信度要求。

表 6.8 期望满意变量的信度分析

潜变量	测量条款	CITC 值	删除该条款后的 α 系数	整体 α 系数
确认	CON1	0.788	0.814	0.929
	CON2	0.851	0.804	
	CON3	0.887	0.752	
	CON4	0.815	0.865	
满意度	SA1	0.811	0.804	0.884
	SA2	0.848	0.767	
	SA3	0.693	0.908	

（三）社会资本变量的信度分析

从表 6.9 中可以看出，社会资本变量各潜变量的测量条款的 CITC 值均大于 0.3，整体 α 系数分别为 0.901、0.842 和 0.879，均大于 0.7，表明测量量表符合信度要求。

表 6.9 社会资本变量的信度分析

潜变量	测量条款	CITC 值	删除该条款后的 α 系数	整体 α 系数
社会交互联结	SIT1	0.767	0.879	0.901
	SIT2	0.631	0.923	
	SIT3	0.872	0.839	
	SIT4	0.863	0.842	
信任	TR1	0.732	0.816	0.842
	TR2	0.823	0.743	
	TR3	0.774	0.770	
	TR4	0.518	0.861	

续表

潜变量	测量条款	CITC 值	删除该条款后的 α 系数	整体 α 系数
社区规范	CN1	0.594	0.967	0.879
	CN2	0.885	0.715	
	CN3	0.847	0.753	

（四）社会认知变量的信度分析

从表 6.10 中可以看出，社会认知变量的测量条款的 CITC 值均大于 0.3，整体 α 系数为 0.899，大于 0.7，表明测量量表符合信度要求。

表 6.10　社会认知变量的信度分析

潜变量	测量条款	CITC 值	删除该条款后的 α 系数	整体 α 系数
知识自我效能	KSE1	0.769	0.889	0.899
知识自我效能	KSE2	0.848	0.814	0.899
	KSE3	0.803	0.855	

（五）结果变量的信度分析

从表 6.11 中可以看出，结果变量各潜变量的测量条款的 CITC 值均大于 0.3，整体 α 系数分别为 0.960 和 0.935，均大于 0.7，表明测量量表符合信度要求。

表 6.11　结果变量的信度分析

潜变量	测量条款	CITC 值	删除该条款后的 α 系数	整体 α 系数
持续知识共享意愿	CI1	0.900	0.952	0.960
	CI2	0.939	0.922	
	CI3	0.905	0.948	
持续知识共享行为	CB1	0.897	0.882	0.935
	CB2	0.921	0.861	
	CB3	0.795	0.961	

二、收敛效度分析

本书采用探索性因子分析方法对各变量进行收敛效度的评估。具体分析过程如下：

（一）价值变量的收敛效度

本书分别对潜变量利他价值、社会价值、实用价值、情感价值以及感知价值进行探索性因子分析，分析结果如表 6.12 所示。

表 6.12　价值变量的收敛效度

潜变量	测量条款	初始方差	提取方差	因子载荷量	特征值	解释方差（%）
利他价值	AV1	1.000	0.851	0.923	2.156	71.877
	AV2	1.000	0.813	0.901		
	AV3	1.000	0.492	0.702		
社会价值	SV1	1.000	0.735	0.894	2.954	73.838
	SV2	1.000	0.770	0.877		
	SV3	1.000	0.799	0.858		
	SV4	1.000	0.650	0.806		
实用价值	UV1	1.000	0.858	0.968	2.691	89.684
	UV2	1.000	0.936	0.947		
	UV3	1.000	0.896	0.926		
情感价值	EV1	1.000	0.792	0.944	2.559	85.309
	EV2	1.000	0.876	0.936		
	EV3	1.000	0.891	0.890		
感知价值	PV1	1.000	0.873	0.936	2.900	72.512
	PV2	1.000	0.876	0.911		
	PV3	1.000	0.692	0.832		
	PV4	1.000	0.502	0.708		

对价值变量各观察变量分别进行探索性因子分析，皆仅得到 1 个特征值大于 1 的因子，每个因子都解释了至少 70% 以上的变异量，说明测量结构的

一维性很好；并且各观察变量被因子解释的方差比例均超过 0.5 或接近 0.5，因子载荷量均在 0.7 以上，表明测量具有很高的内部一致性和收敛效度。

（二）期望满意变量的收敛效度

对期望满意变量分别进行探索性因子分析，皆仅得到 1 个特征值大于 1 的因子，每个因子都解释了至少 80% 以上的变异量，说明测量结构的一维性很好；并且各观察变量被因子解释的方差比例均超过了 0.5，因子载荷量均在 0.8 以上，表明测量具有很高的内部一致性和收敛效度。

表 6.13 期望满意变量的收敛效度

潜变量	测量条款	初始方差	提取方差	因子载荷量	特征值	解释方差（%）
确认	CON1	1.000	0.770	0.941	3.306	82.650
	CON2	1.000	0.848	0.921		
	CON3	1.000	0.885	0.896		
	CON4	1.000	0.803	0.877		
满意度	SA1	1.000	0.840	0.936	2.443	81.420
	SA2	1.000	0.876	0.917		
	SA3	1.000	0.726	0.852		

（三）社会资本变量的收敛效度

对社会资本变量分别进行探索性因子分析，皆仅得到 1 个特征值大于 1 的因子，每个因子都解释了至少 70% 以上的变异量，说明测量结构的一维性很好；并且各观察变量被因子解释的方差比例均超过或接近 0.5，因子载荷量均在 0.7 以上，表明测量具有很高的内部一致性和收敛效度。

表 6.14 社会资本变量的收敛效度

潜变量	测量条款	初始方差	提取方差	因子载荷量	特征值	解释方差（%）
社会交互联结	SIT1	1.000	0.760	0.872	3.104	77.604
	SIT2	1.000	0.590	0.768		
	SIT3	1.000	0.882	0.939		
	SIT4	1.000	0.873	0.935		

续表

潜变量	测量条款	初始方差	提取方差	因子载荷量	特征值	解释方差（%）
信任	TR1	1.000	0.741	0.861	2.840	70.995
	TR2	1.000	0.816	0.903		
	TR3	1.000	0.788	0.888		
	TR4	1.000	0.494	0.703		
社区规范	CN1	1.000	0.613	0.783	2.418	80.606
	CN2	1.000	0.918	0.958		
	CN3	1.000	0.887	0.942		

（四）社会认知变量的收敛效度

对社会认知变量进行探索性因子分析，得到 1 个特征值大于 1 的因子，该因子解释了 83.542% 的变异量，说明测量结构的一维性很好；并且各观察变量被因子解释的方差比例均超过了 0.8，因子载荷量均在 0.8 以上，表明测量具有很高的内部一致性和收敛效度。

表 6.15　社会认知变量的收敛效度

潜变量	测量条款	初始方差	提取方差	因子载荷量	特征值	解释方差（%）
知识自我效能	KSE1	1.000	0.801	0.895	2.506	83.542
	KSE2	1.000	0.875	0.935		
	KSE3	1.000	0.831	0.911		

（五）结果变量的收敛效度

对结果变量分别进行探索性因子分析，皆仅得到 1 个特征值大于 1 的因子，每个因子都解释了至少 80% 以上的变异量，说明测量结构的一维性很好；并且各观察变量被因子解释的方差比例均超过了 0.8，因子载荷量均在 0.9 以上，表明测量具有很高的内部一致性和收敛效度。

表 6.16　结果变量的收敛效度

潜变量	测量条款	初始方差	提取方差	因子载荷量	特征值	解释方差(%)
持续知识共享意愿	CI1	1.000	0.913	0.955	2.778	92.584

续表

潜变量	测量条款	初始方差	提取方差	因子载荷量	特征值	解释方差(%)
持续知识共享意愿	CI2	1.000	0.948	0.974	2.778	92.584
	CI3	1.000	0.917	0.958		
持续知识共享行为	CB1	1.000	0.911	0.954	2.659	88.623
	CB2	1.000	0.933	0.966		
	CB3	1.000	0.815	0.903		

三、区分效度

区分效度主要是评价测量数据的单维度性，以及不同测量项目的差异性。本书采用 AMOS 18.0 对各潜变量以及整体模型进行了验证性因子分析，以对其区分效度进行评估。

（一）价值变量的区分效度

对价值变量的各潜变量作验证性因子分析的结果如表 6.17 所示。就模型适配指标而言，χ^2/df=2.891，小于 5；GFI=0.913，AGFI=0.837，NFI=0.901，CFI=0.928，均达到建议值；RMSEA=0.092，小于 0.1，表明模型拟合效果较为理想。各变量的 AVE 分别为 0.717、0.672、0.849、0.785、0.713，均超过 0.5，再次验证了测量变量具有较好的收敛效度。

表 6.17　价值变量的验证性因子分析

潜变量	测量条款	标准化载荷	项目信度	AVE
利他价值	AV1	0.965	0.931	0.717
	AV2	0.844	0.712	
	AV3	0.712	0.506	
社会价值	SV1	0.817	0.667	0.672
	SV2	0.859	0.738	
	SV3	0.840	0.706	
	SV4	0.759	0.576	

续表

潜变量	测量条款	标准化载荷	项目信度	AVE
实用价值	UV1	0.862	0.743	0.849
	UV2	0.983	0.966	
	UV3	0.915	0.837	
情感价值	EV1	0.796	0.634	0.785
	EV2	0.914	0.835	
	EV3	0.941	0.885	
感知价值	PV1	0.919	0.845	0.713
	PV2	0.990	0.980	
	PV3	0.712	0.507	
	PV4	0.722	0.521	
拟合优度指标值	χ^2/df=2.891，GFI=0.913，AGFI=0.837，NFI=0.901，CFI=0.928，RMSEA=0.092			

区分效度可以通过比较AVE平方根与变量间的相关系数来说明。如果AVE平方根大于变量间的相关系数，则说明不同潜变量的测量项目之间具有明显的区分效度。对价值变量各潜变量进行区分效度检验的结果如表6.18所示。表6.18显示了各因子间的相关系数，对角线为因子的AVE平方根。表6.18显示AVE平方根均大于其所在行和列的相关系数值，说明量表具有很好的区分效度。

表6.18　价值变量的区分效度

潜变量	利他价值	社会价值	实用价值	情感价值	感知价值
利他价值	0.847				
社会价值	0.315	0.820			
实用价值	0.298	0.108	0.921		
情感价值	0.307	0.253	0.289	0.886	
感知价值	0.326	0.384	0.309	0.395	0.844

（二）期望满意变量的区分效度

对期望满意潜变量作验证性因子分析的结果如表6.19所示。就模型适配指标而言，χ^2/df=1.732，小于 5；GFI=0.926，AGFI=0.887，NFI=0.943，CFI=0.917，均达到建议值；RMSEA=0.084，小于 0.1，表明模型拟合效果较为理想。确认变量的 AVE 值为 0.769，满意度变量的 AVE 值为 0.732，均超过 0.5，再次验证了测量变量具有较好的收敛效度。

表 6.19 期望满意变量的验证性因子分析

潜变量	测量条款	标准化载荷	项目信度	AVE
确认	CON1	0.802	0.643	0.769
	CON2	0.908	0.824	
	CON3	0.949	0.901	
	CON4	0.842	0.709	
满意度	SA1	0.878	0.771	0.732
	SA2	0.948	0.899	
	SA3	0.727	0.529	
拟合优度指标值	χ^2/df=1.732，GFI=0.926，AGFI=0.887，NFI=0.943，CFI=0.917，RMSEA=0.084			

对期望满意变量进行区分效度检验的结果如表 6.20 所示。表 6.20 显示 AVE 平方根均大于其所在行和列的相关系数值，说明量表具有很好的区分效度。

表 6.20 期望满意变量的区分效度

潜变量	确认	满意度
确认	0.877	
满意度	0.237	0.856

（三）社会资本变量的区分效度

对社会资本各潜变量作验证性因子分析的结果如表 6.21 所示。就模型适配指标而言，χ^2/df=2.630，小于 5；GFI=0.917，AGFI=0.863，NFI=0.971，CFI=0.935，均达到建议值；RMSEA=0.087，小于 0.1，表明模型拟合效果较为理想。各潜变量的 AVE 值分别为 0.712、0.669、0.697，均超过 0.5，再次验证了测量变量具有较好的收敛效度。

表 6.21　社会资本变量的验证性因子分析

潜变量	测量条款	标准化载荷	项目信度	AVE
社会交互联结	SIT1	0.784	0.615	0.712
	SIT2	0.634	0.402	
	SIT3	0.961	0.924	
	SIT4	0.953	0.908	
信任	TR1	0.851	0.724	0.669
	TR2	0.920	0.846	
	TR3	0.795	0.632	
	TR4	0.689	0.475	
社区规范	CN1	0.603	0.364	0.697
	CN2	0.930	0.865	
	CN3	0.928	0.861	
拟合优度指标值	χ^2/df=2.630，GFI=0.917，AGFI=0.863，NFI=0.971，CFI=0.935，RMSEA=0.087			

对社会资本变量进行区分效度检验的结果如表 6.22 所示。表 6.22 显示 AVE 平方根均大于其所在行和列的相关系数值，说明量表具有很好的区分效度。

表 6.22　社会资本变量的区分效度

潜变量	社会交互联结	信任	社区规范
社会交互联结	0.844		
信任	0.319	0.787	
社区规范	0.156	0.217	0.834

（四）社会认知变量的区分效度

对社会认知变量作验证性因子分析的结果如表 6.23 所示。就模型适配指标而言，χ^2/df=1.258，小于 5；GFI=0.917，AGFI=0.828，NFI=0.916，CFI=0.909，均达到建议值；RMSEA=0.078，小于 0.1，表明模型拟合效果较为理想。该潜变量的 AVE 值为 0.758，超过 0.5，再次验证了测量变量具有较好的收敛效度。由于只有一个潜变量，无须作区分效度的分析。

表 6.23 社会认知变量的验证性因子分析

潜变量	测量条款	标准化载荷	项目信度	AVE
知识自我效能	KSE1	0.816	0.666	0.758
	KSE2	0.933	0.870	
	KSE3	0.858	0.736	
拟合优度指标值	χ^2/df=1.258，GFI=0.917，AGFI=0.828，NFI=0.916，CFI=0.909，RMSEA=0.078			

（五）结果变量的区分效度

对结果变量作验证性因子分析的结果如表 6.24 所示。就模型适配指标而言，χ^2/df=2.692，小于 5；GFI=0.919，AGFI=0.837，NFI=0.912，CFI=0.902，均达到建议值；RMSEA=0.091，小于 0.10，表明模型拟合效果较为理想。潜变量的 AVE 值分别为 0.890、0.902，超过 0.5，再次验证了测量变量具有较好的收敛效度。

表 6.24 结果变量的验证性因子分析

潜变量	测量条款	标准化载荷	项目信度	AVE
持续知识共享意愿	CI1	0.922	0.850	0.890
持续知识共享意愿	CI2	0.978	0.956	0.890
	CI3	0.929	0.863	
持续知识共享行为	CB1	0.935	0.874	0.902
	CB2	0.990	0.980	
	CB3	0.922	0.850	
拟合优度指标值	χ^2/df=2.692，GFI=0.919，AGFI=0.837，NFI=0.912，CFI=0.902，RMSEA=0.091			

对结果变量进行区分效度检验的结果如表 6.25 所示。表 6.25 显示 AVE 平方根均大于其所在行和列的相关系数值，说明量表具有很好的区分效度。

表 6.25 结果变量的区分效度分析

潜变量	持续知识共享意愿	持续知识共享行为
持续知识共享意愿	0.943	
持续知识共享行为	0.381	0.950

（六）整体模型的区分效度分析

利用 AMOS 18.0 对整体模型中的 13 个潜变量进行区分效度分析，参照前述方法，构建结构方程模型。分析结果得出 χ^2/df=2.501，小于 5；GFI=0.903，AGFI=0.813，NFI=0.916，CFI=0.934，均达到建议值；RMSEA=0.089，小于 0.1，表明模型拟合效果较为理想。潜变量的 AVE 值均超过 0.5，表明具有较好的聚合效度。区分效度的检验如表 6.26 所示。表 6.26 显示，AVE 平方根均大于其所在行和列的相关系数值，说明量表具有很好的区分效度。

表 6.26 整体模型的区分效度

潜变量	利他价值	社会价值	实用价值	情感价值	感知价值	确认	满意度	社会交互联结	信任	社区规范	知识自我效能	持续知识共享意愿	持续知识共享行为
利他价值	0.713												
社会价值	0.276	0.654											
实用价值	0.249	0.319	0.825										
情感价值	0.198	0.304	0.278	0.737									
感知价值	0.306	0.408	0.447	0.415	0.707								
确认	0.186	0.347	0.363	0.336	0.487	0.736							
满意度	0.364	0.462	0.375	0.377	0.459	0.437	0.725						
社会交互联结	0.129	0.293	0.221	0.293	0.339	0.309	0.246	0.718					
信任	0.157	0.248	0.175	0.256	0.276	0.342	0.319	0.246	0.654				
社区规范	0.173	0.141	0.230	0.331	0.299	0.261	0.263	0.273	0.329	0.682			
知识自我效能	0.201	0.247	0.233	0.282	0.281	0.138	0.374	0.231	0.392	0.245	0.736		
持续知识共享意愿	0.378	0.528	0.491	0.492	0.501	0.328	0.592	0.298	0.573	0.518	0.577	0.785	
持续知识共享行为	0.396	0.412	0.302	0.431	0.386	0.384	0.463	0.301	0.332	0.378	0.320	0.273	0.837

第四节　假设检验与结果分析

一、控制变量的影响分析

本书关注了社区成员的个体特征，包括成员的性别、年龄、学历、社区身份、注册时间、访问频率，对持续知识共享意愿以及持续知识共享行为的影响是否存在显著性差异。本书所用变量，除了控制变量外，其余均是不可直接观测的潜变量。对于不可直接观测的潜变量，通常的赋值方法有两种：一种是采用因子分析方法，计算其因子值作为潜变量的计算值；另一种是采用均值的方法，直接计算潜变量的计算值。目前，多数研究采用后者计算潜变量值。本书将遵循这一传统，在以下控制变量的效应分析中，采用均值赋值的原则。

（一）性别对结果变量的影响分析

独立样本 t 检验适合两个群体平均数的差异检验，本书采用该方法检验性别对结果变量（持续知识共享意愿及持续知识共享行为）的影响是否存在显著性差异。采用 SPSS 18.0 的分析结果如表 6.27 所示。

表 6.27　性别的独立样本 t 检验

变量		F 值	P 值	方差相等的 Levene 检验						
				t 值	自由度	P 值	均值差值	标准误差值	差异 95% 置信区间	
									下限	上限
持续知识共享意愿	假设方差相等	0.697	0.405	1.668	290	0.096	0.172	0.103	−0.031	0.375
	假设方差不相等			1.682	277.304	0.094	0.172	0.102	−0.029	0.373
持续知识共享行为	假设方差相等	0.006	0.936	0.533	290	0.595	0.085	0.160	−0.230	0.401
	假设方差不相等			0.531	265.709	0.596	0.085	0.161	−0.231	0.402

表 6.27 显示，持续知识共享意愿与持续知识共享行为的 P 值分别为

0.405 和 0.936，均未达到 0.05 的显著水平，因而 t 检验数据要看假设方差相等的数值。就持续知识共享意愿而言，方差相等的 Levene 检验 t 值为 1.668，P 值为 0.096，大于 0.05，未达到显著水平，表示性别对持续知识共享意愿的影响没有显著差异。同样，就持续知识共享行为而言，方差相等的 Levene 检验 t 值为 0.533，P 值为 0.595，大于 0.05，未达到显著水平，表明性别对持续知识共享行为的影响不存在显著差异。

（二）年龄对结果变量的影响分析

采用单因素方差分析法判断社区成员年龄对结果变量的影响是否存在显著差异。本书问卷样本年龄集中在为四个层次：20 岁以下、21~25 岁、26~30 岁、31~40 岁。方差分析的结果如表 6.28 所示。从表中可知，就持续知识共享意愿和持续知识共享行为两个因变量而言，整体检验的 F 值分别为 0.366（P=0.778>0.05）和 1.301（P=0.274>0.05），均未达到显著水平，表示不同年龄的社区成员对持续知识共享意愿和持续知识共享行为的影响不存在显著差异。

表 6.28　年龄对结果变量的影响分析

变量		平方和	自由度	均方	F 值	P 值
持续知识共享意愿	组间	0.846	3	0.282	0.366	0.778
	组内	222.034	288	0.771		
	总数	222.880	291			
持续知识共享行为	组间	7.136	3	2.379	1.301	0.274
	组内	526.660	288	1.829		
	总数	533.796	291			

（三）学历对结果变量的影响分析

本书将学历分为大专、本科、硕士、博士。单因素方差分析的结果如表 6.29 所示。从表中可知，就持续知识共享意愿和持续知识共享行为两个因变量而言，整体检验的 F 值分别为 0.396（P=0.756>0.05）和 0.673

（P=0569>0.05），均未达到显著水平，表示不同学历的社区成员对持续知识共享意愿和持续知识共享行为的影响不存在显著差异。

表 6.29　学历对结果变量的影响分析

变量		平方和	自由度	均方	F 值	P 值
持续知识共享行为	组间	2.196	3	0.732	0.396	0.756
	组内	531.600	288	1.846		
	总数	533.796	291			
持续知识共享意愿	组间	1.551	3	0.517	0.673	0.569
	组内	221.329	288	0.769		
	总数	222.880	291			

（四）社区身份对结果变量的影响分析

本书将社区身份分为社区经营者、论坛版主或管理员、高级会员、普通会员。单因素方差分析的结果如表 6.30 所示。从表中可知，就持续知识共享意愿和持续知识共享行为两个因变量而言，整体检验的 F 值分别为 0.691（P=0.502>0.05）和 0.551（P=0577>0.05），均未达到显著水平，表示不同身份的社区成员对持续知识共享意愿和持续知识共享行为的影响不存在显著差异。

表6.30　社区身份对结果变量的影响分析

变量		平方和	自由度	均方	F 值	P 值
持续知识共享行为	组间	2.541	2	1.271	0.691	0.502
	组内	531.255	289	1.838		
	总数	533.796	291			
持续知识共享意愿	组间	0.847	2	0.423	0.551	0.577
	组内	222.033	289	0.768		
	总数	222.880	291			

（五）注册时间对结果变量的影响分析

本书将注册时间分为 6 个月以下、6 个月 ~1 年、1~3 年、3 年以上。单因素方差分析的结果如表 6.31 所示。从表中可知，就持续知识共享意愿和持续知识共享行为两个因变量而言，整体检验的 F 值分别为 0.109（P=0.955>0.05）和 0.899（P=0.442>0.05），均未达到显著水平，表示不同注册时间的社区成员对持续知识共享意愿和持续知识共享行为的影响不存在显著差异。

表 6.31　注册时间对结果变量的影响分析

变量		平方和	自由度	均方	F 值	P 值
持续知识共享行为	组间	0.605	3	0.202	0.109	0.955
	组内	533.191	288	1.851		
	总数	533.796	291			
持续知识共享意愿	组间	2.068	3	0.689	0.899	0.442
	组内	220.812	288	0.767		
	总数	222.880	291			

（六）访问频率对结果变量的影响

本书将访问频率分为每周 3 次以下、3~6 次、6~12 次、12 次以上。单因素方差分析的结果如表 6.32 所示。从表中可知，就持续知识共享意愿和持续知识共享行为两个因变量而言，整体检验的 F 值分别为 0.235（P=0.872>0.05）和 3.262（P=0.052>0.05），均未达到显著水平，表示不同访问频率的社区成员对持续知识共享意愿和持续知识共享行为的影响不存在显著差异。

表 6.32　访问频率对结果变量的影响

变量		平方和	自由度	均方	F 值	P 值
持续知识共享行为	组间	1.306	3	0.435	0.235	0.872
	组内	532.490	288	1.849		
	总数	533.796	291			
持续知识共享意愿	组间	7.324	3	2.441	3.262	0.052
	组内	215.556	288	0.748		
	总数	222.880	291			

二、研究假设的结构方程模型检验

（一）结构方程模型中的结构模型概述

结构方程模型（SEM）中有两个基本的模型：测量模型与结构模型。测量模型由潜变量与观察变量组成，描述的是潜变量如何被相对应的显性指标所测量或概念化；而结构模型关注潜变量之间的关系，以及模型中其他变量无法解释的变异量部分，描述的是潜变量之间的相互关系。结构方程的表达式如下：

$$\eta=B\eta+\Gamma\xi+\zeta$$

其中，ξ 是外源潜变量（自变量）；η 是内源潜变量（因变量）；B 表示内源潜变量之间的关系；Γ 表示外源潜变量对内源潜变量的影响；ζ 是结构方程的残差项。

与因子分析及路径分析相似，结构方程分析也要遵循一定的步骤。借鉴相关研究成果，结构方程模型分析通常按照以下五个步骤进行。

1. 模型界定

模型界定可以通过两个方面进行：一是理论的基础或研究中个人的先备知识与经验；二是 SEM 分析工具的技术语言与方法要求。首先，研究者在面对关心的研究问题之时，除了基于自己的知识积累与研究兴趣推演出值得探讨的研究命题之外，还需对理论文献详加检阅，以建立严谨的科学假设或提出有待验证的理论模型。其次，研究者必须配合 SEM 技术语言的规范与各项操作要求，将所提出的假设与理论模型转换成 SEM 模式①。

2. 模型识别

模型只有被识别才能顺利估计各个参数。本书借鉴查金祥（2006）对模型识别的条件总结，主要从以下三个方面对模型进行识别。

第一，t 法则。t 法则是模型可识别的必要条件，其数学表达条件如下：

① 邱皓政，林碧芳．结构方程模型的原理与应用 [M]. 北京：中国轻工业出版社，2009.

$t \ll \frac{1}{2}(p+q)(p+q+1)$。其中，$p$ 为外因测量指标；q 为内因测量指标；t 为待估计的自由参数个数。模型的自由度 $df=\frac{1}{2}(p+q)(p+q+1)-t$，根据自由度的正负号可进行整体模型识别。若 df>0 或 $t<\frac{1}{2}(p+q)(p+q+1)$，此时自由度为正数，此种模型识别被称为过度识别模型。若 df=0 或 $t=\frac{1}{2}(p+q)(p+q+1)$，此时自由度为零，此种模型识别被称为正好识别模型。满足两个条件之一者均可被称为可识别模型。若 df<0 或 $t>\frac{1}{2}(p+q)(p+q+1)$，此时自由度为负数，此种模型识别被称为低度识别模型，即无法识别模型。

第二，三指标法则。三指标法则是模型可识别的充分条件。三指标法则指的是：每个潜变量有三个或者以上的观察变量；因子载荷矩阵每一行有且只有一个非零值，即一个观察变量只测量一个特征量；误差的协方差矩阵为对角矩阵，即特殊因子之间相互独立。只有同时满足上述三个条件者才是可识别模型。

第三，递归模型。递归模型是模型可识别的充分条件，要求内衍变量之间的回归系数矩阵为严格的下三角矩阵，而测量误差的协方差矩阵为对角矩阵。

3. 参数估计

在结构方程模型中，至少有下列几种方法可以用以估计各参数：工具变量法（Instrumental Variables，IV）、两阶段最小平方法（Two-Stage Least Squares，TSLS）、未加权最小平方法（Unweighted Least Squares，ULS）、一般化最小平方法（Generalized Least Squares，GLS）、一般加权最小平方法（Generally Weighted Least Squares，GWLS 或 WLS）、极大似然估计法（Maximum Likelihood，ML）、对角线加权平方法（Diagonally Weighted Least Squares，DWLS）等。这些不同方法的共同点是求取观察与估计共变结构之间差异的最小值，求导出各参数的最佳估计数。

4. 模型拟合

完成参数估计之后，结构方程模型分析的另一个重要工作是进行模型的评估与检验，以决定研究者所提出的假设模型是否能够描述实际观察到的变量关系。测量模型拟合优度的指标可分为绝对拟合指标和相对拟合指标，常用的测量模型拟合优度的指标有 χ^2 统计量、GFI、AGFI、RMSEA、NFI、CFI 等。

5. 模型修正

根据数据拟合的结果，需要对模型进行修正和再设定，使模型与数据更加拟合。通常的步骤包括删除、增加或修改模型参数，重新设定模型。

（二）研究假设的结构方程模型检验

1. 模型界定

本书在总结相关研究的基础上，基于计划行为理论、社会资本理论、期望确认理论、感知价值理论、社会认知理论等理论，构建了虚拟社区持续知识共享行为的结构方程模型，共 13 个潜变量。其中，价值变量包括利他价值、社会价值、实用价值、情感价值以及感知价值；期望确认变量包括确认和满意度；社会资本变量包括社会交互联结、信任和社区规范；社会认知变量包括知识自我效能；结果变量包括持续知识共享意愿以及持续知识共享行为。该结构方程模型在 AMOS 18.0 环境中运行的结果，如图 6.1 所示。

2. 模型识别

根据前述模型识别的条件，该模型只有满足 t 法则、三指标法则和递归模型，满足模型可识别的充分条件和必要条件，整个模型才能达到可识别的要求。

第一，t 法则检验。研究中涉及的测量指标共有 46 个，因此（$p+q$）（$p+q+1$）/2=990，而模型估计的因子载荷为 44 个，指标测量误差 44 个，回归系数 12 个，t=44+44+12=100<990，自由度为正数，满足模型识别的必要

条件。

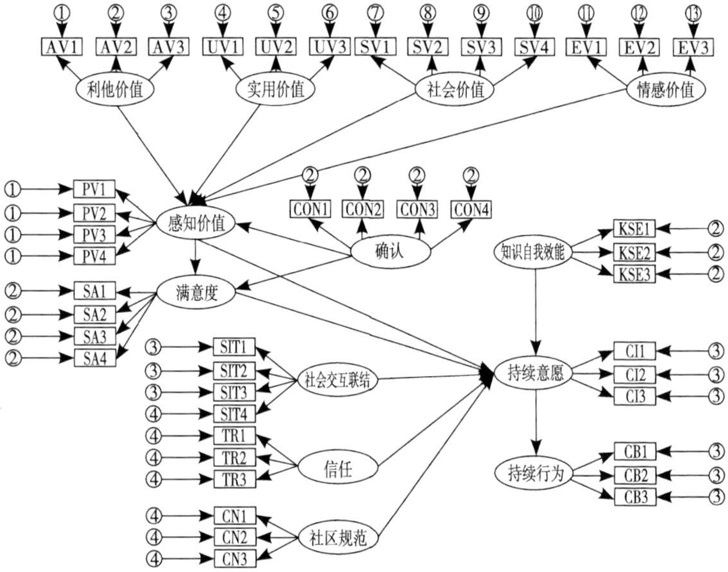

图6.1　结构方程模型

第二，三指标法则检验。本书模型中每个潜变量有三个或三个以上的观察变量，且一个观察变量只测量一个特征量，所有测量残差被假设为不相关，其测量残差的协方差矩阵为对角矩阵，满足模型识别的充分条件。

第三，递归模型检验。在本书模型中，不存在内源变量双向因果的情况，因此模型是一个典型的递归模型，内源变量之间的回归系数矩阵为严格的下三角矩阵。同时，本书假设所有误差彼此不相关，因此其协方差矩阵为对角矩阵。显然，模型满足被识别的充分条件。

综上所述，此模型满足被识别的充分条件和必要条件，达到可识别的要求。

3. 模型评价

本书采用 AMOS 18.0 对该模型进行计算，采用固定负荷法和极大似然法估计，计算结果如表 6.33 所示。

表 6.33 研究假设结果的总结

假设序号	假设路径	标准化回归系数	是否支持假设
H1.1	实用价值→感知价值	0.063	不显著，不支持假设
H1.2	情感价值→感知价值	0.274***	显著，支持假设
H1.3	社会价值→感知价值	0.256***	显著，支持假设
H1.4	利他价值→感知价值	0.321***	显著，支持假设
H2.1	感知价值→满意度	0.548***	显著，支持假设
H2.2	感知价值→持续意愿	0.482***	显著，支持假设
H2.3	满意度→持续意愿	0.571***	显著，支持假设
H3.1	确认→感知价值	0.209***	显著，支持假设
H3.2	确认→满意度	0.369**	显著，支持假设
H4.1	信任→持续意愿	0.456***	显著，支持假设
H4.2	社会交互联结→持续意愿	0.062	不显著，不支持假设
H4.3	社区规范→持续意愿	0.316***	显著，支持假设
H5	知识自我效能→持续意愿	0.426***	显著，支持假设
H6	持续意愿→持续行为	0.038	不显著，不支持假设
拟合优度指标值	χ^2=4892.458，df=1259，χ^2/df=3.886；GFI=0.906，AGFI=0.889，NFI=0.924，CFI=0.918，RMSEA=0.078		

注：* 表示 P<0.1；** 表示 P<0.05；*** 表示 P<0.01；显著水平在 0.05 的为支持，在 0.1 的为弱支持。

评估模型拟合程度的指标可分为绝对拟合指标和相对拟合指标，其中 GFI 和 AGFI 的最低接受值为 0.9，RMSEA 值不超过 0.8，NFI 和 CFI 的最低接受值亦为 0.9。

从表 6.33 中可以看出，χ^2/df=3.886，虽然大于 3，但小于 5；GFI=0.906，NFI=0.924，CFI=0.918，均超过最低接受值 0.9；RMSEA =0.078，低于 0.8；虽然 AGFI=0.889，略低于 0.9，但已非常接近标准值，基本处于可接受的范围之内。

综上所述，各项指标表明，结构模型的拟合情况良好，模型可以被接受。

4. 假设检验及结论

本书假设检验关系成立的判定标准为：路径系数的显著性水平在0.05以上的为显著，假设成立；路径系数的显著性水平在0.1以上的为弱显著，假设部分成立；路径系数的显著性水平低于0.1则认为不显著。本书的假设检验分析结果如下：

H1.1：在虚拟社区的知识共享中，社区成员的实用价值对感知价值具有积极的影响。

根据结构方程模型的路径系数检验结果，社区成员的实用价值对感知价值的影响路径系数为0.063，其P值大于0.1，没有通过显著性检验。由此得出结论，社区成员的实用价值取向对感知价值没有显著性影响。

H1.2：在虚拟社区的知识共享中，社区成员的情感价值对感知价值具有积极的影响。

根据结构方程模型的路径系数检验结果，社区成员的情感价值对感知价值的影响路径系数为0.274，且在0.01的概率水平下显著。由此得出结论，社区成员的情感价值取向对感知价值具有显著的正向影响。

H1.3：在虚拟社区的知识共享中，社区成员的社会价值对感知价值具有积极的影响。

根据结构方程模型的路径系数检验结果，社区成员的社会价值对感知价值的影响路径系数为0.256，且在0.01的概率水平下显著。由此得出结论，社区成员的社会价值取向对感知价值具有显著的正向影响。

H1.4：在虚拟社区的知识共享中，社区成员的利他价值对感知价值具有积极的影响。

根据结构方程模型的路径系数检验结果，社区成员的利他价值对感知价值的影响路径系数为0.321，且在0.01的概率水平下显著。由此得出结论，社区成员的利他价值取向对感知价值具有显著的正向影响。

H2.1：在虚拟社区的知识共享中，社区成员的感知价值对满意度具有积极的影响。

根据结构方程模型的路径系数检验结果，社区成员的感知价值对满意度的影响路径系数为 0.548，且在 0.01 的概率水平下显著。由此得出结论，社区成员的感知价值对满意度具有显著的正向影响。

H2.2：在虚拟社区的知识共享中，感知价值对社区成员的持续知识共享意愿具有积极的影响。

根据结构方程模型的路径系数检验结果，社区成员的感知价值对持续知识共享意愿的影响路径系数为 0.482，且在 0.01 的概率水平下显著。由此得出结论，社区成员的感知价值对持续知识共享意愿具有显著的正向影响。

H2.3：在虚拟社区的知识共享中，满意度对社区成员的持续知识共享意愿具有积极的影响。

根据结构方程模型的路径系数检验结果，社区成员的满意度对持续知识共享意愿的影响路径系数为 0.571，且在 0.01 的概率水平下显著。由此得出结论，满意度对社区成员的持续知识共享意愿具有显著的正向影响。

H3.1：在虚拟社区的知识共享中，确认对社区成员的感知价值具有积极的影响。

根据结构方程模型的路径系数检验结果，确认对感知价值的影响路径系数为 0.209，且在 0.01 的概率水平下显著。由此得出结论，确认对社区成员的感知价值具有显著的正向影响。

H3.2：在虚拟社区的知识共享中，确认对社区成员的满意度具有积极的影响。

根据结构方程模型的路径系数检验结果，确认对满意度的影响路径系数为 0.369，且在 0.05 的概率水平下显著。由此得出结论，确认对社区成员的满意度具有显著的正向影响。

H4.1：在虚拟社区的知识共享中，信任对社区成员的持续知识共享意愿具有积极的影响。

根据结构方程模型的路径系数检验结果，社区成员的信任关系对持续知识共享意愿的影响路径系数为0.456，且在0.01的概率水平下显著。由此得出结论，信任对社区成员的持续知识共享意愿具有显著的正向影响。

H4.2：在虚拟社区的知识共享中，社会交互联结对社区成员的持续知识共享意愿具有积极的影响。

根据结构方程模型的路径系数检验结果，社会交互联结对持续知识共享意愿的影响路径系数为0.062，其P值大于0.1，没有通过显著性检验。由此得出结论，社会交互联结对持续知识共享意愿没有显著性影响。

H4.3：在虚拟社区的知识共享中，社区规范对社区成员的持续知识共享意愿具有积极的影响。

根据结构方程模型的路径系数检验结果，社区规范对社区成员的持续知识共享意愿的影响路径系数为0.316，且在0.01的概率水平下显著。由此得出结论，社区规范对社区成员的持续知识共享意愿具有显著的正向影响。

H5：在虚拟社区的知识共享中，社区成员的知识自我效能对持续知识共享意愿具有积极的影响。

根据结构方程模型的路径系数检验结果，社区成员的知识自我效能对持续知识共享意愿的影响路径系数为0.426，且在0.01的概率水平下显著。由此得出结论，社区成员的知识自我效能对持续知识共享意愿具有显著的正向影响。

H6：在虚拟社区的知识共享中，社区成员的持续知识共享意愿对持续知识共享行为具有积极的影响。

根据结构方程模型的路径系数检验结果，社区成员的持续知识共享意愿对持续知识共享行为的影响路径系数为0.038，其P值大于0.1，没有通过显著性检验。由此得出结论，社区成员的持续知识共享意愿对持续知识共享行为没有显著性影响。

第七章　研究结论与展望

本章对本书进行总结，关注本书所取得的结论及对相关问题的研究，在此基础上提出本书存在的局限性，以及未来研究的方向。

第一节　研究结论

在前述章节中，首先，本书基于计划行为理论、社会资本理论、社会认知理论、感知价值理论、期望证实理论，提出了虚拟社区持续知识共享行为模型，该模型包括 13 个潜变量，14 个理论假设；其次，运用结构方程模型检验了理论假设，其中有 11 个理论假设通过了数据的检验分析，3 个假设没有获得实证支持（见表 7.1）；最后，本书还对虚拟社区成员的个人特征变量（性别、年龄、最高学历、论坛身份、注册时间、访问频率）对持续知识共享行为的影响是否存在显著性差异进行了方差分析，结果表明，个人特征变量对结果变量的影响并无显著性差异。具体结果如表 7.1 所示。

表 7.1　本书理论假设实证检验结果

假设序号	假设描述	实证结果
H1.1	在虚拟社区知识共享中，社区成员的实用价值对感知价值具有正向影响	不支持
H1.2	在虚拟社区知识共享中，社区成员的情感价值对感知价值具有正向影响	支持
H1.3	在虚拟社区知识共享中，社区成员的社会价值对感知价值具有正向影响	支持
H1.4	在虚拟社区知识共享中，社区成员的利他价值对感知价值具有正向影响	支持
H2.1	在虚拟社区知识共享中，社区成员的感知价值对成员满意度具有正向影响	支持
H2.2	在虚拟社区知识共享中，社区成员的感知价值对知识共享持续意愿具有正向影响	支持
H2.3	在虚拟社区知识共享中，社区成员的满意度对知识共享持续意愿具有正向影响	支持
H3.1	在虚拟社区知识共享中，社区成员的确认对感知价值具有正向影响	支持
H3.2	在虚拟社区知识共享中，社区成员的确认对满意度具有正向影响	支持
H4.1	在虚拟社区知识共享中，社区成员的信任关系对持续知识共享意愿具有正向影响	支持
H4.2	在虚拟社区知识共享中，社区成员的社会互动联结对持续知识共享意愿具有正向影响	不支持
H4.3	在虚拟社区知识共享中，社区规范对持续知识共享意愿具有正向影响	支持
H5	在虚拟社区知识共享中，社区成员的知识自我效能感对持续知识共享意愿具有正向影响	支持
H6	在虚拟社区知识共享中，社区成员的知识共享持续意愿对知识共享持续行为具有正向影响	不支持

一、感知价值变量相互关系及其作用

价值是一种持久性的信念，它是人类产生某种行为或意愿的内在驱动力，正面的价值信念会促使行为的产生，而负面的价值信念则会阻碍行为（Rokaech，1973），其概念被广泛运用到经济学、管理学、行为学等不同学科。本书首次引用感知价值理论探索持续知识共享行为的内在机理，并采用内容分析法对虚拟社区成员知识共享行为的感知价值成分进行定性分析，认为虚拟社区成员知识共享行为的感知价值包括实用价值、社会价值、情感价值和利他价值四个维度。各价值变量的检验结果如下：

第一，在虚拟社区的知识共享活动中，实用价值对社区成员的总体感知价值并没有显著的正向影响。结构方程模型的检验结果表明，实用价值对感知价值的影响路径系数为0.063，其P值大于0.1，没有通过显著性检验。本书在开发实用价值的测量量表时，参考了Kankanhalli等（2005）的问卷量表设计，主要从社区成员获取的虚拟货币、成员等级以及荣誉会员三方面来衡量。这表明，在虚拟社区知识共享活动中，社区的额外奖励制度对提升社区成员的感知价值并没有显著影响。笔者分析，可能的原因在于选取的对象及样本。本书的选取样本数为292份，其中近180份来自小木虫社区。该社区属于学术交流社区，有比较完善的奖励措施和刺激制度，例如会员只要每天登录社区，就会有红包奖励。但从另外一个角度来讲，红包较易获取便削弱了这种额外奖励的物质刺激作用，对一些资格较老的会员而言，这种额外的奖励制度对知识共享意愿的积极作用就会显得比较乏力。

第二，在虚拟社区的知识共享活动中，情感价值对社区成员的总体感知价值具有显著的正向影响。结构方程模型的检验结果表明，情感价值对感知价值的影响路径系数为0.274，且在0.01的概率水平下显著。本书中的情感价值是指社区成员通过知识共享活动所触发的某些情感或情绪，如愉快、高兴。这说明，如果知识共享行为能够给社区成员带来精神或者情感的回馈，那么社区成员对该行为的感知价值就会提升。

第三，在虚拟社区的知识共享活动中，社会价值对社区成员的总体感知价值具有显著的正向影响。结构方程模型的检验结果表明，情感价值对感知价值的影响路径系数为0.256，且在0.01的概率水平下显著。本书中的社会价值是指社区成员对知识共享行为在社区生活中自我强化能力的感知，包括社区成员地位的提高、声誉的提升、人际关系的改善、获取认可等内容。这说明，对社区成员自身来讲，对知识共享行为的感知价值蕴含着对提升形象、提高地位以及获取良好人际关系等内在的心理需求。

第四，在虚拟社区的知识共享活动中，利他价值对社区成员的总体感知价值具有显著的正向影响。结构方程模型的检验结果表明，利他价值对感知价值的影响路径系数为 0.321，且在 0.01 的概率水平下显著。本书中的利他价值是指社区成员认为知识共享活动是一种出于道德考虑的义务行为，过去的研究证实了利他行为是人类的一种普遍行为（Chennamaneni，2006；Davenport，1998），本书的结果则表明了利他价值是社区成员总体感知价值中的重要组成部分。

第五，在虚拟社区的知识共享活动中，感知价值对社区成员的满意度具有显著的正向影响。结构方程模型的检验结果表明，社区成员的感知价值对满意的影响路径系数为 0.548，且在 0.01 的概率水平下显著。本书中的满意度是指社区成员进行知识共享行为后，对该行为产生的态度倾向。在国内外消费者行为学的相关研究中，感知价值对顾客满意的作用机理已被充分证实，感知价值是顾客满意的重要决定因素（Chen 和 Dubinsky，2003；Dodds 等，1991；Lewis 和 Soureli，2006；Varki 和 Colgate，2001）。本书虽然以虚拟社区知识共享行为为研究主题，但结果亦表明感知价值是满意度变量的重要前置因素，社区成员对知识共享行为的感知价值越大，就越容易获得满意感。

第六，在虚拟社区的知识共享活动中，感知价值对社区成员的持续知识共享意愿具有显著的正向影响。结构方程模型的检验结果表明，社区成员的感知价值对持续知识共享意愿的影响路径系数为 0.482，且在 0.01 的概率水平下显著。已有相关研究普遍认为感知价值驱动顾客忠诚（Gale 和 Wood，1994；Fredericks 和 Salter，1995；Lemon，2001），只有为客户提供卓越的客户价值，才能促进客户忠诚行为。本书从感知价值角度考察了虚拟社区成员知识共享行为的"连续性"，进一步证实了感知价值在行为预测方面的作用，这与有关研究结果是一致的。

二、期望确认变量相互关系及其作用

期望确认理论源于消费者行为学，由学者 Oliver（1980）提出，其主要概念是通过消费者的购前期望与购后绩效表现的比较结果，判断其是否对产品和服务满意。本书将期望确认理论移植到虚拟社区的知识共享活动中，其主要概念是社区成员通过将知识共享行为前的某种期望与知识共享行为后的感知结果进行比较，判断是否继续该项行为。在构建的模型中引入了确认和满意两个变量，在两个潜变量量表的开发上，参考了 Bhattacherjee（2004）、Wei 等（2009）的问卷量表设计，并依据实验的设计情境加以适当修改。假设检验结果如下：

第一，在虚拟社区的知识共享活动中，确认对社区成员的满意度具有显著的正向影响。结构方程模型的检验结果表明，确认对社区成员满意度的影响路径系数为 0.369，且在 0.01 的概率水平下显著。根据 Olive（1977）的观点，社区成员对知识共享会产生某种期望，待知识共享行为产生之后会形成一定的认知判断，并将这种认知与之前的期望进行比较，可能会产生三种不同的结果：负向不确认、确认和正向不确认。已有研究证实了确认是顾客满意的前因变量（Churchill 和 Surprenant，1982；Oliver 和 Bearden，1985），本书从消费者行为学拓展到知识管理学，实证检验结果进一步确认了该结论的广泛适用性。

第二，在虚拟社区的知识共享活动中，确认对社区成员的感知价值具有显著的正向影响。结构方程模型的检验结果表明，确认对社区成员感知价值的影响路径系数为 0.209，且在 0.01 的概率水平下显著。在现有研究中，许多学者分析了确认对用户感知价值的作用机理（Kim，2010；Lin、Wu 和 Tsai，2005；Liao、Palvia 和 Chen，2009），认为客户进行确认行为后，会形成对产品或服务等标的物实际体验后的综合评价，包括感知有用性、感知娱乐性、感知费用等变量。本书关注社区成员知识共享行为后的确认对感知价值的影响，研究结果证实了确认对感知价值的正向影响，即当社区成员的实际体验大于其价值期望时，容易产生正向的感知价值。

第三，在虚拟社区的知识共享活动中，满意对社区成员的持续知识共享意愿具有显著的正向影响。结构方程模型的检验结果表明，满意对持续知识共享意愿的影响路径系数为0.571，且在0.01的概率水平下显著。在本书中，满意度是指社区成员进行知识共享行为后所产生的情感态度，如果社区成员能对知识共享行为持有积极的、正面的态度，那么将会促进知识共享行为意愿的产生，这与计划行为理论中态度是行为意愿的预测变量的结论相一致。

三、社会资本变量的作用

自Nahapiet和Ghoshal（1998）提出社会资本分析框架，将社会资本分为结构维度（网络联结、网络结构）、关系维度（信任、义务）及认知维度（共同的语言和价值观）以来，国内外许多学者基于此分析框架探讨了社会资本对组织创新和知识共享的影响。随着研究的深入，网络虚拟世界中的虚拟社会资本引起了一些学者的关注。如Wasko和Faraj（2005）将社会资本理论应用于电子环境下的知识分享行为，探索了社会资本的认知、结构及关系三维度对知识贡献的影响。Chiu、Hsu和Wang（2006）整合了社会认知理论与社会资本理论，分析了社会资本的结构维度、关系维度及认知维度对虚拟社区知识共享的影响。但仔细分析发现，现有研究重点关注社会资本对知识共享行为的直接影响，少有研究关注社会资本对持续知识共享意愿的影响。根据计划行为理论，意愿是行为产生的重要预测变量。基于此，本书认为，在虚拟社区的知识共享活动中，社会资本提高了社区成员的持续知识共享意愿，进而促进了知识共享行为的产生。实证检验结果如下：

第一，在虚拟社区的知识共享活动中，信任对社区成员的持续知识共享意愿具有显著的正向影响。结构方程模型的检验结果表明，社区成员的信任关系对持续知识共享意愿的影响路径系数为0.456，且在0.01的概率水平下显著。这说明，社区成员彼此信任程度越深，知识共享的双方就表现出越强的知识交流意愿。

第二，在虚拟社区的知识共享活动中，社会交互联结对社区成员的持续知识共享意愿具有显著的正向影响。结构方程模型的检验结果表明，社会交互联结对持续知识共享意愿的影响路径系数为 0.062，其 P 值大于 0.1，没有通过显著性检验。这与国内外有关研究结果相悖。笔者分析，可能的原因在于：本书的样本主要来自学术虚拟社区，这类社区主要以专业知识的交流为主，成员与成员之间的交流形式比较简单、交流动机比较单一，而一些以交友为主的社交虚拟社区，在交流手段及互动动机方面显得更加复杂。

第三，在虚拟社区的知识共享活动中，社区规范对社区成员的持续知识共享意愿具有显著的正向影响。结构方程模型的检验结果表明，社区规范对社区成员的持续知识共享意愿的影响路径系数为 0.316，且在 0.01 的概率水平下显著。这说明，当社区存在一个普遍合作、协作的规范时，将对社区成员的行为产生自发的约束作用，有助于社区成员共同地对共享行为作出承诺，降低成员的机会主义倾向和“搭便车”的行为，提高持续知识共享的意愿。

四、社会认知变量的作用

本书主要从知识自我效能来衡量社会认知变量对持续知识共享意愿的影响。所谓知识自我效能是指社区成员对知识共享行为能力的一种判断。根据社会认知理论，知识自我效能直接影响社区成员知识共享意愿，不同水平知识自我效能的社区成员进行知识共享行为时的表现会有所差异。现有研究已经证实了自我效能对知识共享行为及意愿的影响（Cheung 和 Lee，2010；Hsu 等，2007；Lin 等，2009），本书进一步检验了知识自我效能对持续知识共享意愿的影响，检验结果如下：

在虚拟社区的知识共享活动中，社区成员的知识自我效能对持续知识共享意愿具有显著的正向影响。结构方程模型的检验结果表明，社区成员的知识自我效能对持续知识共享意愿的影响路径系数为 0.426，且在 0.01 的概率水平下显著。这表明社区成员对自我知识能力和水平的判断是影响知识共享活动的重要因素之一。

五、结果变量的相互关系

本书包括两个结果变量：持续知识共享意愿和持续知识共享行为。根据理性行为理论、计划行为理论、技术接受理论等理论，意向是用来衡量用户实施特定行为的意向强弱。在本书中，持续知识共享意愿即指持续知识共享的意向，用来衡量社区成员持续知识共享行为的意愿强烈程度。在构建的模型中，本书对持续共享意愿与持续共享行为之间的关系的检验结果如下。

在虚拟社区的知识共享活动中，社区成员的持续知识共享意愿对持续知识共享行为不具有显著的正向影响。结构方程模型的检验结果表明，社区成员的持续知识共享意愿对持续知识共享行为的影响路径系数为 0.038，其 P 值大于 0.1，没有通过显著性检验。这与有关经典理论阐释的“意向决定行为”的结论相违背。笔者分析，可能的原因在于“知识”的特殊性。知识资源作为人类智慧的结晶，不可能被所有人普遍掌握，真正有价值的知识往往掌握在少数人手中。在虚拟社区的知识共享过程中，纵然许多社区成员具有较高的知识共享意愿，但由于自身能力不足，很容易产生“心有余而力不足”的现象，所以持续知识共享行为并不总能发生。

第二节　研究贡献

本书主要是从心理学的视角探索虚拟社区持续知识共享行为的内在机理，因此本书更多的是一种心理学现象的理论探索。在对现有理论进行总结和拓展的基础上，本书可能的理论贡献存在于以下几个方面：

第一，本书引入感知价值理论，以一种全新的视角分析虚拟社区中持续知识共享行为的影响。由于感知价值内涵的复杂性，国内外学者在感知价值的维度及构成上争议较多，再加上虚拟社区持续知识共享行为的特殊性，对社区成员持续知识共享行为背后的价值取向的理论探讨目前还是空白。鉴于此，在对国内外现有研究进行回顾的基础上，本书将虚拟社区知识共享感知价值定义为：虚拟社区成员对知识共享活动所形成价值的主观认知和综合评价。通过对虚拟社区成员进行深度访谈，采用内容分析法对感知价值的维度及成分进行定性分析，本书首次提出虚拟社区知识共享感知价值的四分模型：实用价值、情感价值、社会价值和利他价值。最后，本书通过科学的实证方法，对感知价值及其各价值维度的测量量表进行开发并检验。实证分析的结果表明，该测量工具具有较好的信度和效度。

第二，本书基于期望确认理论，引入确认和满意度两个潜变量，构建了虚拟社区持续知识共享行为的理论模型，并实证探讨了这两个变量与感知价值、持续知识共享意愿之间的关系。分析结果表明，满意度和感知价值是社区成员持续知识共享意愿的重要预测变量，而确认对满意度和感知价值具有显著的正向影响。期望确认理论的应用研究由来已久，从研究范围来看，已有相关研究主要集中在消费者行为学、信息系统采纳等领域，但利用该理论解释知识共享行为的研究还比较少见。一方面，本书将该理论移植到持续知识共享行为的探讨中，拓展了该理论的应用范围。另一方面，就虚拟社区知识共享行为的理论研究而言，引入期望确认理论能够从更高层次上深化和扩展当前知识共享理论，具有重要的理论价值。

第三，本书实证分析了社会资本对虚拟社区持续知识共享意愿的影响。本书参考了 Nahapiet 和 Ghoshal（1998）、Tsai 和 Ghoshal（1998）对社会资本的分类标准，将社会资本分为结构资本、关系资本和认知资本，其中结构资本采用社会交互联结进行测量，关系资本采用信任进行测量，认知资本采用社区规范进行测量。实证结果表明，信任和社区规范对持续知识共享意愿具有显著的正向影响，而社会交互联结的作用效应没有通过显著性检验。事实上，现有研究已经证实了社会资本各变量对知识共享的正向影响（Wu、Hsu 和 Yeh，2007；Wasko 和 Faraj，2005；Chiu 和 Hsu，2006），社会交互联结、信任以及规范等变量对知识共享效果具有直接的正向影响，也有少部分研究结果表明社会资本各变量对知识共享意愿具有显著的正向作用。但对社会资本与知识共享意愿以及知识共享行为之间的作用关系，目前还少有研究关注。本书在理论上认为，社会资本是通过知识共享意愿间接作用于知识共享行为的，而且本书的作用变量是社区成员的持续知识共享意愿，在测量工具和研究对象上与以往研究有显著区别，这无疑是对现有研究的有益补充和进一步深化。

第四，本书检验了知识自我效能对社区成员持续知识意愿的影响。自我效能感是社会认知理论的重要核心思想，指行为主体当需要达成一个既定目标时，对执行这些行动的能力判断。现有研究已经证实了知识自我效能对知识共享行为、意愿以及态度具有直接影响（Hsu 等，2007；Chiu 等，2006；Lin，2007），本书基于该理论，进一步检验了知识自我效能在虚拟社区中对社区成员持续知识共享意愿的影响，实证结果表明，知识自我效能对持续知识共享意愿具有显著的正向影响。

第五，本书探讨了虚拟社区中持续知识共享意愿与持续知识共享行为之间的关系。基于以往经典理论的阐释，意愿对行为产生具有显著的正向作用。本书在理论上亦认为持续知识共享意愿对持续知识共享行为具有积极影响。实证检验结果表明，持续意愿对持续行为的正向作用没有通过显著性检验，这意味着持续意愿并不一定能导致持续行为的发生。这与现有研究结论相悖。笔者分析，可能的原因在于部分社区成员由于没有知识共享能力，即使其知识共享的意愿较高，也无法发生实际的知识共享行为。也就是说，在虚拟社区的知识共享过程中，“持续意愿决定持续行为”这一定论是有前提条件的，这个条件就是社区成员具有共享知识的能力。这部分结论对理解虚拟社区持续知识共享行为无疑具有一定的理论价值。

第三节　研究局限与展望

对虚拟社区持续知识共享行为的理论探讨是一项具有重要理论和实践意义的课题。全面揭示虚拟社区中知识共享的内在机理，揭开其背后的“黑箱”，是一项非常具有挑战性的工作。本书虽然在该方面作出了有益的探索和补充，但由于参考文献和资料不足、作者学术水平有限以及研究时间和精力的限制，本书仍存在一定的局限性，主要表现在：

第一，本书基于感知价值理论、计划行为理论、社会认知理论、社会资本理论等理论构建了虚拟社区持续知识共享行为的理论模型，提出了 14 个假设。虽然实证分析结果表明大部分假设获得了支持，但限于笔者的时间和精力，没有对该假设模型中的各个变量间的关系进行深入探讨，后续研究可以在本书的基础上进一步分析该模型中各个变量之间的作用关系。

第二，本书从社会资本视角探讨了其在虚拟社区知识共享行为的作用。在社会资本的分析维度上，本书选取了结构嵌入、关系嵌入以及认知嵌入三个维度。在各嵌入维度的具体要素方面，一方面，为了控制篇幅，对议题进行了简化选择；另一方面，为了与前人研究进行对比，或为了实证检验前人所作的理论研究，本书用社会交互联结测量结构维度、用信任测量关系维度、用社区规范测量认知维度，这就意味着其他可能的因素会被忽略掉。后续研究应该更系统、完整地探讨社会资本视角下的其他因素在虚拟社区知识共享行为的作用。

第三，本书引入了期望确认理论，分析了其对虚拟社区持续知识共享行为的影响。出于简化模型的考虑，在构建模型时引入了确认和满意度两个变量，这就意味着其他变量会被忽略掉。未来的研究应该全面地展开期望确认理论在虚拟社区知识共享行为中的理论探索。

第四，数据采集是一项非常艰巨的工作，由于时间、财力的限制，本书的数据收集方式单一，主要通过电子问卷获取数据，缺乏其他的数据来源对数据可靠性进行交互验证；由于主要通过电子问卷的方式获取数据，对调查的环境难以进行控制，这不可避免地会影响数据收集的有效性。

第五，本书样本数据主要来自学术虚拟社区，主要调研对象是在读硕士、博士以及高校教师，这对研究结论的现实适用性产生了一定的限制。特别是随着虚拟社区参与者的日趋多元化，知识共享行为的真实动机和心理过程也可能存在差异，后续研究在研究对象的选择上可以普遍化和细化并举。

参考文献

［1］曹忠鹏，赵晓煜，代祺．顾客继续使用自助服务技术影响因素研究［J］．南开管理评论，2010（3）：90–100.

［2］曾武灵，汪克夷，李珊珊．游客重游意愿的决定规划：基于滨海生态旅游区的实证研究［J］．管理评论，2011（3）：90–97.

［3］柴晋颖，王飞绒．虚拟社区研究现状及展望［J］．情报杂志，2007（5）：101–103.

［4］初浩楠，廖建桥．认知和情感信任对知识共享影响的实证研究［J］．科技管理研究，2008（9）．

［5］褚燕，黄丽华．影响员工接受移动商务应用因素研究［J］．研究与发展管理，2007（1）：72–78.

［6］董晶．虚拟社区个体的知识贡献动机模式研究［D］．上海：复旦大学，2008.

［7］范晓屏．基于虚拟社区的网络互动对网络购买行为的影响研究［D］．杭州：浙江大学，2007.

［8］甘永成．虚拟学习社区中的知识建构和集体智慧发展——知识管理与 e–learning 结合的视角［M］．北京：教育科学出版社，2005.

［9］顾远东，彭纪生．组织创新氛围对员工创新行为的影响：创新自我效能感的中介作用［J］．南开管理评论，2010（1）：30–41.

［10］黄谷子．虚拟社区客户知识转移与企业创新绩效关系研究［D］．杭州：浙江大学，2007.

［11］黄少宽，黄晓斌．网络虚拟社区及其在图书情报工作中的应用［J］．情报理论与实践，2008（1）：109–111.

［12］金立印．服务保证对顾客满意预期及行为倾向的影响——风险感知与价值感知的媒介效应［J］．管理世界，2007（8）：104–115.

［13］柯江林，石金涛．知识型团队有效知识转移的社会资本结构优化研究［J］．研究与发展管理，2007（1）：21–27.

［14］柯江林，孙健敏，石金涛，等．企业 R&D 团队之社会资本与团队效能关系的实证研究——以知识分享与知识整合为中介变量［J］．管理世界，2007（3）：89–101.

［15］雷雪，焦玉英，陆泉，等．基于社会认知论的 Wiki 社区知识共享行为研究［J］．现代图书情报技术，2008（2）：30–34.

［16］李纯青，赵平，马军平．零售业回报计划感知价值对客户忠诚的影响［J］．管理科学学报，2007（4）：90–96.

［17］李蒙翔，顾睿，尚小文，等．移动即时通讯服务持续使用意向影响因素研究［J］．管理科学，2010（5）：72–83.

［18］李志宏，李敏霞，何济乐．虚拟社区成员知识共享意愿影响因素的实证研究［J］．图书情报工作，2009（12）：53–56.

［19］李志宏，朱桃，罗芳．组织气氛对知识共享行为的影响路径研究——基于华南地区 IT 企业的实证研究与启示［J］．科学学研究，2010（6）：894–901.

［20］刘敬严．顾客感知价值决定要因与关系质量的影响研究［J］．软科学，2008（5）：18–22.

［21］刘泽文，甄月桥．计划行为理论预测大学生求职行为的验证性研究［J］．社会心理科学，2010（6）：18–22.

［22］楼天阳．虚拟社区成员联结机制研究［D］．上海：复旦大学，2008.

［23］罗海青．顾客价值感知要素实证研究［D］．杭州：浙江大学，2003.

［24］罗家德，郑孟育，谢智棋．实践性社群内社会资本对知识分享的影响［J］．江苏社会科学，2007（3）：131–141.

［25］秦红霞，陈华东．基于员工信任关系的企业知识共享研究［J］．科学学与科学技术管理，2007（10）.

［26］裘涵，田丽君．虚拟社区的内涵及其建构的组织性路径［J］．中南大学学报（社会科学版），2006（6）：752–756.

［27］荣泰生．AMOS 与研究方法［M］．重庆：重庆大学出版社，2009：82–85.

［28］荣泰生．企业研究方法［M］．北京：中国税务出版社，2005.

［29］沈旭文．威客模式下虚拟社区知识共享影响因素研究［D］．杭州：浙江大学，2011.

［30］石艳霞．SNS 虚拟社区知识共享及其影响因素研究［D］．太原：山西大学，2010.

［31］孙康．实名制虚拟社区知识共享影响因素的实证研究［D］．西安：西安电子科技大学，2010.

［32］汪轶．知识型团队中成员社会资本对知识分享效果作用机制研究［D］．杭州：浙江大学，2008.

［33］汪祖柱，钱程，储节旺．专业虚拟社区知识服务的概念及其机制研究［J］．情报理论与实践，2011（5）：27–29.

［34］王崇，王祥翠．网络环境下基于价值理论的我国消费者购买意愿影响因素研究［J］．数理统计与管理，2011（1）：127–135.

［35］王飞绒，柴晋颖，龚建立．虚拟社区知识共享影响因素的实证研究［J］．浙江工业大学学报（社会科学版），2008（3）：283–289.

［36］王凤艳．非交易类虚拟社区知识共享影响因素实证研究［D］．西安：

西安电子科技大学，2011.

［37］王国保．中国文化因素对知识共享、员工创造力的影响研究［D］．杭州：浙江大学，2010.

［38］王立生．社会资本、吸收能力对知识获取和创新绩效的影响研究［D］．杭州：浙江大学，2007.

［39］王三义，刘新梅，万威武．社会资本结构维度对企业间知识转移影响的实证研究［J］．科技进步与对策，2007（4）：105–107.

［40］王学东，范坤，赵文军，等．团队认知对虚拟团队知识共享的影响及实证研究［J］．情报科学，2011（8）：1134–1139.

［41］王学东，赵文军，刘成竹，等．社会网络嵌入视角下的虚拟团队知识共享影响模型及实证研究［J］．情报科学，2011（9）：1407–1412.

［42］王毅，景奉杰．基于感知价值的服务失误补救后顾客满意的实证研究［J］．经济管理，2005（24）：47–52.

［43］吴亮锦，糜仲春．珠宝知觉价值与购买意愿的经济学分析［J］．商场现代化，2005（25）.

［44］吴明隆．结构方程模型——AMOS的操作与应用［M］．重庆：重庆大学出版社，2010.

［45］吴明哲．飞牛牧场游憩意向之研究——价值链之观点［D］．台中：台湾朝阳科技大学，2002.

［46］夏火松，王瑞新．百度百科词条特性对知识共享意愿影响的实证研究［J］．科学学研究，2010（12）：1877–1883.

［47］向海华，沈治宏．虚拟社区知识共享活动给电子商务带来商机［J］．情报理论与实践，2004（5）：472–474.

［48］熊回香，王学东．面向Web3.0的分众分类研究［J］. 图书情报工作，2010（3）：104–107.

［49］徐世甫．主体技术·拟象·公共领域——论虚拟社区［J］．南京社

会科学，2006（5）：106–113.

［50］徐小龙，王方华．虚拟社区研究前沿探析［J］．外国经济与管理，2007（9）：10–16.

［51］杨斌，王学东．虚拟团队知识转移过程研究［J］．图书情报工作，2010（2）：109–112.

［52］杨艳．虚拟社区中的知识交流和共享行为研究［D］．杭州：浙江大学，2005.

［53］姚作为，刘人怀．基于品牌关系的服务消费决策行为研究：理论模型与实证检验［J］．管理评论，2010（9）：59–74.

［54］易明，曹高辉，毛进，等．基于Tag的知识主题网络构建与Web知识推送研究［J］．中国图书馆学报，2011（5）：4–9.

［55］易明，王学东，邓卫华．基于社会网络分析的社会化标签网络分析与个性化信息服务研究［J］．中国图书馆学报，2010（2）：107–114.

［56］易明，王学东，占旺国．面向知识转移网络的知识网分析［J］．现代图书情报技术，2010（1）：77–82.

［57］易明，占旺国，王学东．社会网络视角下基于生命周期的虚拟团队知识分布研究［J］．情报科学，2010（4）：593–597.

［58］袁庆宏，王双龙．基于计划行为理论的员工发言行为决定模型构建［J］．现代管理科学，2009（11）：6–9.

［59］张进美，刘天翠，刘武．基于计划行为理论的公民慈善捐赠行为影响因素分析——以辽宁省数据为例［J］．软科学，2011（8）：71–77.

［60］张鼐，周年喜．虚拟社区知识共享行为影响因素的实证研究［J］．图书馆学研究，2010（11）：44–48.

［61］赵玲．虚拟社区中的知识共享行为研究［D］．武汉：华中科技大学，2007.

［62］赵文军，王学东．社会网络嵌入视角下的虚拟团队知识网络治理对

策研究［J］. 情报理论与实践，2012（1）：80–84.

［63］赵文军，谢守美. 虚拟团队中的知识共享动因探析［J］. 情报杂志，2011（7）：124–129.

［64］章郑. 网络社会资本对虚拟社区知识共享及创新的影响研究［D］. 杭州：浙江大学，2008.

［65］周密，姚芳，姚小涛. 员工知识共享、知识共享意愿与信任基础［J］. 软科学，2006（3）.

［66］周涛，鲁耀斌. 基于社会影响理论的虚拟社区用户知识共享行为研究［J］. 研究与发展管理，2009（4）：78–83.

［67］朱阁，马龙，Sunanda Sangwan，等. 基于社会认知理论的消费者采用模型与实证研究［J］. 南开管理评论，2010（3）：12–21.

［68］朱镇，赵晶. 企业电子商务采纳的战略决策行为：基于社会认知理论的研究［J］. 南开管理评论，2011（3）：151–160.

［69］左明辉. 虚拟社区中个体向社区知识转移影响因素的研究［D］. 广州：华南理工大学，2009.

［70］Ajzen I. Perceived Behavioral Control，Self–Efficacy，Locus of Control，and the Theory of Planned Behavioral［J］. Journal of Applied Social Psychology，2002，32（4）：665–683.

［71］Anderson R E，Srinivasan S S. E–Satisfaction And E–Loyalty：A Contingency Framework［J］. Psychology and Marketing，2003，20（2）：123–138.

［72］Ardichvili A，Maurer M，Li W，et al. Cultural Influences on Knowledge Sharing Through Online Communities of Practice［J］. Journal of Knowledge Management，2006，10（1）：94–107.

［73］Ardichvili A，Page V，Wentling T. Motivation and Barriers to Participation in Virtual Knowledge–Sharing Communities of Practice［J］. Journal of

Knowledge Management, 2003, 7 (1): 64-77.

[74] Bagozzi R P, Dholakia U M. Intentional Social Action in Virtual Communities[J]. Journal of Interactive Marketing, 2002, 16 (2): 2-21.

[75] Balasubramanian S, Mahajan V. The Economic Leverage of the Virtual Community [J]. International Journal of Electronic Commerce, 2001, 5 (3): 103-138.

[76] Bandura A. Self-Efficacy: The Exercise of Control [M]. New York: Freeman, 1997.

[77] Bandura A. Self-Efficacy: Toward A Unifying Theory of Behavioral Change[J]. Psychological Review, 1977, 84 (2): 191 -215.

[78] Bhattacherjee A. An Empirical Analysis of the Antecedents of Electronic Commerce Service Continuance [J]. Decision Support Systems, 2001, 32 (2): 201-214.

[79] Bhattacherjee A. Understanding Information Systems Continuance: An Expectation-Confirmation Model[J]. MIS Quarterly, 2001: 351-370.

[80] Bock G W, Zmud R W, Kim Y G, et al. Behavioral Intention Formation in Knowledge Sharing: Examining the Roles of Extrinsic Motivators, Social-Psychological Forces, and Organizational Climate[J]. MIS Quarterly, 2005: 87-111.

[81] Bolton R N, Drew J H. A Multistage Model of Customers' Assessments of Service Quality and Value[J]. Journal of Consumer Research, 1991: 375-384.

[82] Boyd N G, Vozikis G S. The Influence of Self-Efficacy on the Development of Entrepreneurial Intentions and Actions [J]. Entrepreneurship Theory and Practice, 1994 (18): 63.

[83] Brint S. Gemeinschaft Revisited: A Critique and Reconstruction of the Community Concept[J]. Sociological Theory, 2001, 19 (1): 1-23.

[84] Kim B. An Empirical Investigation of Mobile Data Service Continuance: Incorporating the Theory of Planned Behavior into the Expectation-Confirmation Model[J]. Expert Systems with Applications, 2010, 37(10): 7033-7039.

[85] Cabrera A, Collins W C, Salgado J F. Determinants of Individual Engagement in Knowledge Sharing[J]. The International Journal of Human Resource Management, 2006, 17(2): 245-264.

[86] Chandon P, Wansink B, Laurent G. A Benefit Congruency Framework of Sales Promotion Effectiveness[J]. The Journal of Marketing, 2000: 65-81.

[87] Chang A M, Kannan P K, Whinston A B. Electronic Communities as Intermediaries: The Issues and Economics[C]. IEEE, 1999.

[88] Chang H H, Chuang S. Social Capital and Individual Motivations on Knowledge Sharing: Participant Involvement as a Moderator[J]. Information & Management, 2011, 48(1): 9-18.

[89] Chatzisarantis N L D, Hagger M S, Brickell T. Using The Construct of Perceived Autonomy Support to Understand Social Influence Within the Theory of Planned Behavior[J]. Psychology of Sport and Exercise, 2008, 9(1): 27-44.

[90] Chen C F, Chen F S. Experience Quality, Perceived Value, Satisfaction and Behavioral Intentions for Heritage Tourists[J]. Tourism Management, 2010, 31(1): 29-35.

[91] Chen C, Hung S. To Give or to Receive? Factors Influencing Members' Knowledge Sharing and Community Promotion in Professional Virtual Communities[J]. Information & Management, 2010, 47(4): 226-236.

[92] Chen Z, Dubinsky A J. A Conceptual Model of Perceived Customer Value in E-Commerce: A Preliminary Investigation[J]. Psychology and Marketing, 2003, 20(4): 323-347.

[93] Chennamaneni A. Determinants Of Knowledge Sharing Behaviors:

Developing And Testing An Integrated Theoretical Model [J], 2007.

[94] Cheung C, Lee M. What Drives Members to Continue Sharing Knowledge in a Virtual Professional Community? The Role of Knowledge Self-Efficacy and Satisfaction [J] . Knowledge Science, Engineering and Management, 2010: 472-484.

[95] Chih-Chung C, Chang S C. Discussion on the Behavior Intention Model of Consumer Online Shopping [J] . Journal of Business and Management, 2005, 11 (1): 41-57.

[96] Chiu C M, Hsu M H, Wang E T G. Understanding Knowledge Sharing in Virtual Communities: An Integration of Social Capital and Social Cognitive Theories [J] . Decision Support Systems, 2006, 42 (3): 1872-1888.

[97] Choi K S, Cho W H, Lee S, et al. The Relationships Among Quality, Value, Satisfaction And Behavioral Intention In Health Care Provider Choice: A South Korean Study [J] . Journal of Business Research, 2004, 57 (8): 913-921.

[98] Chow C W, Deng F J, Ho J L. The Openness of Knowledge Sharing Within Organizations: A Comparative Study of the United States and the People's Republic of China [J] . Journal of Management Accounting Research, 2000 (12): 65.

[99] Chow W S, Chan L S. Social Network, Social Trust and Shared Goals in Organizational Knowledge Sharing [J] . Information & Management, 2008, 45 (7): 458-465.

[100] Collins C J, Smith K G. Knowledge Exchange and Combination: The Role of Human Resource Practices in the Performance of High-Technology Firms [J]. The Academy of Management Journal Archive, 2006, 49 (3): 544-560.

[101] Compeau D R, Higgins C A. Application of Social Cognitive Theory to Training for Computer Skills [J] . Information Systems Research, 1995, 6 (2):

118.

[102] Compeau D R, Higgins C A, Huff S. Social Cognitive Theory and Individual Reactions to Computing Technology: A Longitudinal Study [J] . MIS Quarterly, 1999: 145–158.

[103] Connelly C E, Kelloway E K. Predictors Of Employees' Perceptions of Knowledge Sharing Cultures [J] . Leadership & Organization Development Journal, 2003, 24 (5): 294–301.

[104] Cronin J J, Brady M K, Hult G T M. Assessing the Effects of Quality, Value, and Customer Satisfaction on Consumer Behavioral Intentions in Service Environments [J] . Journal of Retailing, 2000, 76 (2): 193–218.

[105] Davenport T H, Prusak L. Working Knowledge: Managing What Your Organization Knows [M] . Boston: Harvard Business School Press, 1998.

[106] David W. Successful Knowledge Management Projects [J] . Sloan Management Review, 1998.

[107] Day G S. The Capabilities of Market–Driven Organizations [J] . The Journal of Marketing, 1994: 37–52.

[108] Dixon N M. Common Knowledge: How Companies Thrive by Sharing What They Know [M] . Harvard Business Press, 2000.

[109] Dodds W B, Monroe K B, Grewal D. Effects of Price, Brand, and Store Information on Buyers' Product Evaluations [J] . Journal of Marketing Research, 1991: 307–319.

[110] Entrepreneurship: Theory and Practice, 2005, 29 (5): 599–626.

[111] Eriksson I V, Dickson G W. Knowledge Sharing in High Technology Company [Z] . The American Conference On Information System, 2000.

[112] Fernback J, Thompson B. Virtual Communities: Abort, Retry, Failure? [Z] . Howard Rheingold, 1995.

[113] Forbes D P. The Effects of Strategic Decision Making on Entrepreneurial Self-Efficacy [J] .

[114] Fornell C, Johnson M D, Anderson E W, et al. The American Customer Satisfaction Index: Nature, Purpose, and Findings [J] . The Journal of Marketing, 1996: 7-18.

[115] Fusilier M, Durlabhji S. An Exploration of Student Internet Use in India: The Technology Acceptance Model and the Theory of Planned Behaviour [J] . Campus-Wide Information Systems, 2005, 22 (4): 233-246.

[116] Garfield S. 10 Reasons Why People Don't Share Their Knowledge [J] . KM Review, 2006, 9 (2): 10-11.

[117] Granovetter M S. The Strength of Weak Ties [J] . American Journal of Sociology, 1973: 1360-1380.

[118] Grewal D, Krishnan R, Baker J, et al. The Effect of Store Name, Brand Name and Price Discounts on Consumers' Evaluations and Purchase Intentions [J] . Journal of Retailing, 1998, 74 (3): 331-352.

[119] Grewal D, Monroe K B, Krishnan R. The Effects of Price-Comparison Advertising on Buyers' Perceptions of Acquisition Value, Transaction Value, and Behavioral Intentions [J] . The Journal of Marketing, 1998: 46-59.

[120] Guo Q, Johnson C A, Unger J B, et al. Utility of the Theory of Reasoned Action and Theory of Planned Behavior for Predicting Chinese Adolescent Smoking [J] . Addictive Behaviors, 2007, 32 (5): 1066-1081.

[121] Gupta S, Kim H W. Virtual Community: Concepts, Implications, and Future Research Directions [C], 2004.

[122] Hagel J, Armstrong A. Net Gain: Expanding Markets through Virtual Communities [M] . Harvard Business Press, 1997.

[123] Hallowell R. The Relationships of Customer Satisfaction, Customer

Loyalty, and Profitability: An Empirical Study [J] . International Journal of Service Industry Management, 1996, 7 (4): 27-42.

[124] Han H, Hsu L T J, Sheu C. Application of the Theory of Planned Behavior to Green Hotel Choice: Testing the Effect of Environmental Friendly Activities [J] . Tourism Management, 2010, 31 (3): 325-334.

[125] Hansen M T. The Search-Transfer Problem: The Role of Weak Ties in Sharing Knowledge Across Organization Subunits [J] . Administrative Science Quarterly, 1999 (44): 82-111.

[126] Hawkins D I, Best R J, Coney K A, et al. Consumer Behavior: Building Marketing Strategy [M] . New York: Mcgraw-Hill, 1998.

[127] Hellier P K, Geursen G M, Carr R A, et al. Customer Repurchase Intention: A General Structural Equation Model [J] . European Journal of Marketing, 2003, 37 (11/12): 1762-1800.

[128] Hendriks P. Why Share Knowledge? The Influence of ICT on the Motivation for Knowledge Sharing [J] . Knowledge and Process Management, 1999, 6 (2): 91-100.

[129] Holste J. A Study of The Effects of Affect- Based Trust and Cognition-Based Trust on Intra-Organizational Knowledge Sharing and Use [D] . Regent University, 2003.

[130] Howard J A, Sheth J N. The Theory of Buyer Behavior [J] . Journal of the American Statistical Association, 1969.

[131] Hsu M H, Chiu C M. Internet Self-Efficacy and Electronic Service Acceptance [J] . Decision Support Systems, 2004, 38 (3): 369-381.

[132] Hsu M H, Ju T L, Yen C H, et al. Knowledge Sharing Behavior in Virtual Communities: The Relationship Between Trust, Self-Efficacy, and Outcome Expectations [J] . International Journal of Human-Computer Studies,

2007, 65 (2): 153-169.

[133] Hsu M H, Yen C H, Chiu C M, et al. A Longitudinal Investigation of Continued Online Shopping Behavior: An Extension of the Theory of Planned Behavior [J]. International Journal of Human-Computer Studies, 2006, 64 (9): 889-904.

[134] Huang Q, Davison R M, Gu J. Impact of Personal and Cultural Factors on Knowledge Sharing in China [J]. Asia Pacific Journal of Management, 2008, 25 (3): 451-471.

[135] Igbaria M, Shayo C, Olfman L. On Becoming Virtual: The Driving Forces and Arrangements [C]. ACM, 1999.

[136] Inkpen A C, Dinur A. Knowledge Management Processes and International Joint Ventures [J]. Organization Science, 1998: 454-468.

[137] Ipe M. Knowledge Sharing in Organizations: A Conceptual Framework [J]. Human Resource Development Review, 2003, 2 (4): 337.

[138] Jung D I, Erhlich S B, De Noble A F. Entrepreneurial Self-Efficacy and Its Relationship to Entrepreneurial Action: A Comparative Study between the US and Korea [J]. Management International, 2001, 6 (1): 41-53.

[139] K Ser P, Miles R E. Knowledge Activists: The Cultivation of Motivation and Trust Properties of Knowledge Sharing Relationships [C], 2001.

[140] Koh J, Kim Y G. Knowledge Sharing in Virtual Communities: An E-Business Perspective [J]. Expert Systems with Applications, 2004, 26 (2): 155-166.

[141] Kuo F Y, Chu T H, Hsu M H, et al. An Investigation of Effort-Accuracy Trade-Off and the Impact of Self-Efficacy on Web Searching Behaviors [J]. Decision Support Systems, 2004, 37 (3): 331-342.

[142] Larose R, Eastin M S. Social Cognitive Theory of Internet Uses and

Gratifications: Toward a New Model of Media Attendance [J] . A. J. Broad. & Elec. Media, 2004, 48: 358.

[143] Lee C K, Yoon Y S, Lee S K. Investigating the Relationships among Perceived Value, Satisfaction, and Recommendations: The Case of The Korean DMZ [J] . Tourism Management, 2007, 28 (1): 204–214.

[144] Lee F S L, Vogel D, Limayem M. Virtual Community Informatics: What We Know and What We Need To Know [C] . IEEE, 2002.

[145] Lee L T S, Sukoco B M. The Effects of Entrepreneurial Orientation and Knowledge Management Capability on Organization Effectiveness in Taiwan: The Moderating Role of Social Capital [J], 2007.

[146] Lee Y, Kwon O. Intimacy, Familiarity and Continuance Intention: An Extended Expectation - Confirmation Model in Web-Based Services [J] . Electronic Commerce Research and Applications, 2011, 10 (3): 342–357.

[147] Leimeister J M, Sidiras P, Krcmar H. Exploring Success Factors of Virtual Communities: The Perspectives of Members and Operators [J] . Journal of Organizational Computing and Electronic Commerce, 2006, 16 (3–4): 279–300.

[148] Levin D Z, Cross R. The Strength of Weak Ties You Can Trust: The Mediating Role of Trust in Effective Knowledge Transfer [J] . Management Science, 2004: 1477–1490.

[149] Li L, Barner-Rasmussen W, Bjorkman I. What Difference Does the Location Make? A Social Capital Perspective on Transfer of Knowledge from Multinational Corporation Subsidiaries Located in China and Finland [J] . Asia Pacific Business Review, 2007, 13 (2): 233–249.

[150] Liao C, Palvia P, Chen J. Information Technology Adoption Behavior Life Cycle: Toward A Technology Continuance Theory (TCT) [J] . International Journal of Information Management, 2009, 29 (4): 309–320.

[151] Liao S, Shao Y P, Wang H, et al. The Adoption of Virtual Banking: An Empirical Study [J] . International Journal of Information Management, 1999, 19: 63-74.

[152] Limayem M, Cheung C M K. Understanding Information Systems Continuance: The Case of Internet-Based Learning Technologies [J] . Information & Management, 2008, 45 (4): 227-232.

[153] Lin C C. A Critical Appraisal of Customer Satisfaction and E-Commerce [J] . Managerial Auditing Journal, 2003, 18 (3): 202-212.

[154] Lin C S, Wu S, Tsai R J. Integrating Perceived Playfulness into Expectation-Confirmation Model for Web Portal Context [J] . Information & Management, 2005, 42 (5): 683-693.

[155] Lin H F, Lee G G. Perceptions of Senior Managers toward Knowledge-Sharing Behaviour [J] . Management Decision, 2004, 42 (1): 108-125.

[156] Lin H F. Effects of Extrinsic and Intrinsic Motivation on Employee Knowledge Sharing Intentions [J] . Journal of Information Science, 2007, 33 (2): 135-149.

[157] Lin H F. Knowledge Sharing and Firm Innovation Capability: An Empirical Study [J] . International Journal of Manpower, 2007, 28 (3/4): 315-332.

[158] Lin M J, Hung S W, Chen C J. Fostering the Determinants of Knowledge Sharing in Professional Virtual Communities [J] . Computers in Human Behavior, 2009, 25 (4): 929-939.

[159] Lin N, Enselw M, Vaughn J C. Social Resources and Strength of Ties: Structural Factors in Occupational Status Attainment [J] . American Sociological Review, 1981, 46: 393-405.

[160] Lin N. Social Capital: A Theory of Social Structure and Action [M] .

Cambridge University Press, 2002.

[161] Loury G C. A Dynamic Theory of Racial Income Differences [Z]. Discussion Papers, 1976.

[162] Lu L, Leung K, Koch P T. Managerial Knowledge Sharing: The Role of Individual, Interpersonal, and Organizational Factors [J]. Management and Organization Review, 2006, 2 (1): 15-41.

[163] Malone J W. Shining a New Light on Organizational Change: Improving Self-Efficacy through Coaching [J]. Organization Development Journal, 2001, 19 (2): 27-36.

[164] Matzler K, Renzl B, M ü ller J, et al. Personality Traits and Knowledge Sharing [J]. Journal of Economic Psychology, 2008, 29 (3): 301-313.

[165] Michailova S, Hutchings K. National Cultural Influences on Knowledge Sharing: A Comparison of China and Russia [J]. Journal of Management Studies, 2006, 43 (3): 383-405.

[166] Morris M G, Venkatesh V. Age Differences in Technology Adoption Decisions: Implications for a Changing Work Force [J]. Personnel Psychology, 2000, 53 (2): 375-403.

[167] Nahapiet J, Ghoshal S. Social Capital, Intellectual Capital, and the Organizational Advantage [J]. Academy of Management Review, 1998: 242-266.

[168] Nerkar A, Paruchuri S. Evolution of R&D Capabilities: The Role of Knowledge Networks Within a Firm [J]. Management Science, 2005: 771-785.

[169] Oh H. Service Quality, Customer Satisfaction, and Customer Value: A Holistic Perspective [J]. International Journal of Hospitality Management, 1999, 18 (1): 67-82.

[170] Oliver R L. A Cognitive Model of the Antecedents and Consequences of Satisfaction Decisions [J]. Journal of Marketing Research, 1980: 460-469.

[171] Oliver R L. Cognitive, Affective, and Attribute Bases of the Satisfaction Response [J]. Journal of Consumer Research, 1993: 418–430.

[172] Patterson P G, Spreng R A. Modelling the Relationship between Perceived Value, Satisfaction and Repurchase Intentions in a Business–to–Business, Services Context: An Empirical Examination [J]. International Journal of Service Industry Management, 1997, 8 (5): 414–434.

[173] Pavlou P A, Fygenson M. Understanding and Predicting Electronic Commerce Adoption: An Extension of the Theory of Planned Behavior [J]. Management Information Systems Quarterly, 2006, 30 (1): 8.

[174] Pelling E L, White K M. The Theory of Planned Behavior Applied to Young People's Use of Social Networking Web Sites [J]. Cyberpsychology & Behavior, 2009, 12 (6): 755–759.

[175] Perry – Smith J E, Shalley C E. The Social Side of Creativity: A Static and Dynamic Social Network Perspective [J]. Academy of Management Review, 2003, 28(1): 89–106.

[176] Plant R. Online Communities [J]. Technology in Society, 2004, 26 (1): 51–65.

[177] Porter C E. A Typology of Virtual Communities: A Multi–Disciplinary Foundation for Future Research [J]. Journal Of Computer-Mediated Communication, 2004, 10 (1).

[178] Preece J. Sociability and Usability in Online Communities: Determining and Measuring Success [J]. Behaviour & Information Technology, 2001, 20 (5): 347–356.

[179] Premkumar G, Bhattacherjee A. Explaining Information Technology Usage: A Test of Competing Models [J]. Omega, 2008, 36 (1): 64–75.

[180] Pura M. Linking Perceived Value and Loyalty in Location–Based Mobile

Services［J］. Managing Service Quality, 2005, 15（6）: 509–538.

［181］Reagans R, Mcevily B. Network Structure and Knowledge Transfer: The Effects of Cohesion and Range［J］. Administrative Science Quarterly, 2003（48）: 240–267.

［182］Reed K, Doty D H, May D R. The Impact of Aging on Self–Efficacy and Computer Skill Acquisition［J］. Journal of Managerial Issues, 2005, 17（2）: 212.

［183］Rheingold H. The Virtual Community: Homesteading on the Electronic Frontier［M］. The Mit Press, 2000.

［184］Romm C, Clarke R J. Virtual Community Research Themes: A Preliminary Draft for a Comprehensive Model［C］, 1995.

［185］Seibert S E, Kraimer M L, Liden R C. A Social Capital Theory of Career Success［J］. Academy of Management Journal, 2001: 219–237.

［186］Shiau W L, Huang L C, Shih C H. Understanding Continuance Intention of Blog Users: A Perspective of Flow and Expectation Confirmation Theory［J］. Journal of Convergence Information Technology, 2011, 6（4）.

［187］Shin D, Shin Y, Choo H, Et Al. Smartphones as Smart Pedagogical Tools: Implications for Smartphones as U–Learning Devices［J］. Computers in Human Behavior, 2011, 27（6）: 2207–2214.

［188］Spiteri J M, Dion P A. Customer Value, Overall Satisfaction, End–User Loyalty, and Market Performance in Detail Intensive Industries［J］. Industrial Marketing Management, 2004, 33（8）: 675–687.

［189］Spreng R A, Mackenzie S B, Olshavsky R W. A Reexamination of the Determinants of Consumer Satisfaction［J］. The Journal of Marketing, 1996: 15–32.

［190］Stanoevska–Slabeva K. Toward a Community–Oriented Design of Internet

Platforms [J] . International Journal of Electronic Commerce, 2002, 6 (3): 71-95.

[191] Taylor W A, Wright G H. Organizational Readiness for Successful Knowledge Sharing: Challenges for Public Sector Managers [J] . Information Resources Management Journal, 2004, 17 (2): 22-37.

[192] Thong J Y L, Hong S J, Tam K Y. The Effects of Post-Adoption Beliefs on the Expectation-Confirmation Model for Information Technology Continuance [J] . International Journal of Human-Computer Studies, 2006, 64 (9): 799-810.

[193] Truett A W. Communities in a World of Open Systems [J] . Futures, 1999, 31 (5): 457-463.

[194] Tsai W, Ghoshal S. Social Capital and Value Creation: The Role of Intrafirm Networks [J] . Academy of Management Journal, 1998: 464-476.

[195] Ulaga W, Chacour S. Measuring Customer-Perceived Value in Business Markets: A Prerequisite for Marketing Strategy Development and Implementation [J]. Industrial Marketing Management, 2001, 30 (6): 525-540.

[196] Uzzi B. Social Structure and Competition in Interfirm Networks: The Paradox of Embeddedness [J] . Administrative Science Quarterly, 1997, 42: 35-67.

[199] Van Den Hooff B, De Ridder J A. Knowledge Sharing In Context: The Influence of Organizational Commitment, Communication Climate and CMC Use on Knowledge Sharing [J] . Journal of Knowledge Management, 2004, 8 (6): 117-130.

[198] Venkatesh V, Morris M G, Ackerman P L. A Longitudinal Field Investigation of Gender Differences in Individual Technology Adoption Decision-Making Processes [J] . Organizational Behavior and Human Decision Processes, 2000, 83 (1): 33-60.

[199] Venkatesh V, Morris M G, Davis G B, et al. User Acceptance of Information Technology: Toward a Unified View[J]. MIS Quarterly, 2003: 425-478.

[200] Vera-Mun O S C, Ho J L, Chow C W. Enhancing Knowledge Sharing in Public Accounting Firms[J]. Accounting Horizons, 2006, 20(2): 133-155.

[201] Wang C, Lee Y, Lin W, et al. Effects of Personal Qualities and Team Processes on Willingness to Share Knowledge: An Empirical Study[J]. International Journal of Management, 2007, 24(2): 250.

[202] Wasko M M, Faraj S. Why Should I Share? Examining Social Capital and Knowledge Contribution in Electronic Networks of Practice[J]. MIS Quarterly, 2005, 29(1): 35-57.

[203] Weber B, Weber C. Corporate Venture Capital as a Means of Radical Innovation: Relational Fit, Social Capital, and Knowledge Transfer[J]. Journal of Engineering and Technology Management, 2007, 24(1-2): 11-35.

[204] Wiig K M. Knowledge Managment: The Central Focus for Intelligent-Acting Organizations[M]. Schema Press Limited, 1994.

[205] Wood R, Bandura A. Social Cognitive Theory of Organizational Management[J]. Academy of Management Review, 1989: 361-384.

[206] Woodruff R B, Cadotte E R. Modeling Customer Satisfaction Processes Using Experience Based Norms[J]. Journal of Marketing Research, 1993, 20(3): 296-304.

[207] Woodruff R B, Gardial S. Know Your Customer: New Approaches to Understanding Customer Value and Satisfaction[M]. Wiley, 1996.

[208] Wu C, Hsing S S. Less Is More: How Scarcity Influences Consumers' Value Perceptions and Purchase Intents Through Mediating Variables[J]. Journal of American Academy of Business, 2006, 9(2): 125-132.

[209] Wu W L, Hsu B F, Yeh R S. Fostering the Determinants of Knowledge Transfer: A Team-Level Analysis [J]. Journal of Information Science, 2007, 33 (3): 326-339.

[210] Yang S C, Farn C K. Social Capital, Behavioural Control, and Tacit Knowledge Sharing: A Multi-Informant Design [J]. International Journal of Information Management, 2009, 29 (3): 210-218.

[211] Yi M Y, Hwang Y. Predicting the Use of Web-Based Information Systems: Self-Efficacy, Enjoyment, Learning Goal Orientation, and the Technology Acceptance Model [J]. International Journal of Human-Computer Studies, 2003, 59 (4): 431-449.

[212] Yoon S J, Kim J H. An Empirical Validation of a Loyalty Model Based on Expectation Disconfirmation [J]. Journal of Consumer Marketing, 2000, 17 (2): 120-136.

[213] Zeithaml V A. Consumer Perceptions of Price, Quality, and Value: A Means-End Model and Synthesis of Evidence [J]. The Journal of Marketing, 1988: 2-22.

[214] Zhang Y, Fang Y, Wei K, et al. Exploring the Role of Psychological Safety in Promoting the Intention to Continue Sharing Knowledge in Virtual Communities [J]. International Journal of Information Management, 2010, 30 (5): 425-436.

[215] Zhao H, Seibert S E, Hills G E. The Mediating Role of Self-Efficacy in the Development of Entrepreneurial Intentions [J]. Journal of Applied Psychology, 2005, 90 (6): 1265.

附　　录

调查问卷

亲爱的论坛坛友，非常感谢您百忙之中抽空填写这份调查问卷。本调查的目的在于了解虚拟社区成员知识共享行为的影响因素，本问卷纯属学术研究，内容不会涉及商业机密问题，所有人的姓名在论文中都将被隐去，您个人的回答将会受到严格的保密。您的支持是本研究取得成功的关键，恳请得到您的帮助！

概念	定义
虚拟社区	主要指网络各大论坛，如天涯、猫扑、校园BBS、百度贴吧等网上社区
知识共享	通过发帖、回帖等互动方式，共享自己的知识、经验和见解等，来帮助其他社区成员

第一部分　背景资料

1. 您的性别是________

□男　　　　□女

2. 您的年龄大约在________

□ 20岁以下　　　　□ 21~25岁　　　　□ 26~30岁

☐ 31~40 岁

3. 您的最高学历是:________

☐大专　☐本科　☐硕士　☐博士

以下各题请选择一个您最常去的虚拟社区作答，其余各部分如涉及社区请以该社区为例（如您从未去过任何虚拟社区，请终止回答，谢谢合作）:

4. 您在该网上社区属于________

☐社区经营者　☐论坛版主或管理员　☐高级会员　☐普通会员

5. 您注册该虚拟社区的时间有________年

☐ 6 个月以下　☐ 6 个月 ~1 年　☐ 1~3 年　☐ 3 年以上

6. 您每周访问该虚拟社区的频率大约是________

☐ 3 次以下　☐ 3~6 次　☐ 6~12 次　☐ 12 次以上

第二部分　研究变量相关测量量表

说明：请您选择一个已经注册过并经常访问的虚拟社区（包括论坛、BBS），根据您在社区中的实际情况或真实感受在相应的数字下打“√”。

序号	问项	非常不同意	不同意	较不同意	不确定	较同意	同意	非常同意
AV1	在该社区，如果我有机会，我会帮助其他社区成员解决他们发帖求助的问题	1	2	3	4	5	6	7
AV2	在该社区，如果我有机会，我会花一些时间帮助其他有需要的社区成员	1	2	3	4	5	6	7
AV3	在该社区，我会共享我的知识、经验和见解来帮助其他有需要的社区成员	1	2	3	4	5	6	7
SV1	在该社区，与其他社区成员分享我的知识、经验等，能够提高我在社区中的形象	1	2	3	4	5	6	7
SV2	在该社区，与其他社区成员分享我的知识、经验等，能够提高我在社区的知名度	1	2	3	4	5	6	7

续表

序号	问项	非常不同意	不同意	较不同意	不确定	较同意	同意	非常同意
SV3	当与其他社区成员分享我的知识、经验等时，其他成员会特别尊敬我，我希望获得这种尊敬	1	2	3	4	5	6	7
SV4	社区中经常发帖的人有较高的声望，我很羡慕他们	1	2	3	4	5	6	7
UV1	在该社区共享我的知识、经验等可以积累更多的虚拟货币，这对我较为重要	1	2	3	4	5	6	7
UV2	在该社区共享我的知识、经验等可以获得更高的成员等级，这对我较为重要	1	2	3	4	5	6	7
UV3	在该社区共享我的知识、经验等可以获得荣誉会员，这对我较为重要	1	2	3	4	5	6	7
EV1	通过该社区共享我的知识、经验和见解等，对我来说是种愉快的经历	1	2	3	4	5	6	7
EV2	通过该社区共享我的知识、经验和见解等，让我感觉良好	1	2	3	4	5	6	7
EV3	通过该社区共享我的知识、经验和见解等，让我感觉有意义	1	2	3	4	5	6	7
PV1	在该社区花一些时间共享我的知识、经验等，我认为是值得的	1	2	3	4	5	6	7
PV2	在该社区付出一些努力共享我的知识、经验等，我认为是值得的	1	2	3	4	5	6	7
PV3	在该社区共享我的知识、经验等帮助他人是明智之举	1	2	3	4	5	6	7
PV4	相比我的付出，在该社区分享我的知识、经验等，我认为并不值得	1	2	3	4	5	6	7
CON1	通过该社区共享我的知识、经验等，给我带来的愉快体验超出了我的预期	1	2	3	4	5	6	7
CON 2	通过该社区共享我的知识、经验等，给我带来的报酬和奖励超出了我的预期	1	2	3	4	5	6	7
CON 3	通过该社区共享我的知识、经验等，给我个人形象带来的提升超出了我的预期	1	2	3	4	5	6	7
CON 4	通过该社区共享我的知识、经验等，使我结交了更多的朋友，这超出了我的预期	1	2	3	4	5	6	7
SA1	与其他社区成员分享我的知识、经验和见解，我认为是做了正确的事情	1	2	3	4	5	6	7

续表

序号	问项	非常不同意	不同意	较不同意	不确定	较同意	同意	非常同意
SA2	与其他社区成员分享我的知识、经验和见解，我认为是明智的	1	2	3	4	5	6	7
SA3	我比较满意与其他社区成员分享知识的过程和体验	1	2	3	4	5	6	7
SA4	在该社区分享知识的过程和体验，我会感到愉悦	1	2	3	4	5	6	7
SIT1	我与该社区内其他成员保持紧密的在线联系	1	2	3	4	5	6	7
SIT 2	我花大量的时间进行与社区内其他成员的交流	1	2	3	4	5	6	7
SIT 3	我对该社区内的一些成员有深入的了解	1	2	3	4	5	6	7
SIT 4	我与该社区内的一些成员有频繁的交流	1	2	3	4	5	6	7
TR1	我知道该社区大多数的社区成员是真诚的	1	2	3	4	5	6	7
TR2	该社区成员之间是基于一种可信和诚实的相互关系	1	2	3	4	5	6	7
TR3	该社区成员总能遵守承诺	1	2	3	4	5	6	7
CN1	我认为该社区环境是开放的，允许不同观点存在	1	2	3	4	5	6	7
CN2	我认为在该社区中有一个合作的规范	1	2	3	4	5	6	7
CN3	我认为在该社区中有一个协作的规范	1	2	3	4	5	6	7
KSE1	我自信能够提供社区其他成员认为有价值的知识	1	2	3	4	5	6	7
KSE2	我认为我提供的专业知识、经验和见解对社区的其他成员是有价值的	1	2	3	4	5	6	7
KSE3	通过贡献知识，我能肯定自己的知识能力	1	2	3	4	5	6	7
CI1	如果有可能，我愿意继续与其他社区成员分享我的知识、经验和见解	1	2	3	4	5	6	7
CI2	在未来，我期望与社区其他成员分享我的知识、经验和见解	1	2	3	4	5	6	7
CI3	在未来，我将继续与其他社区成员分享我的知识、经验和见解	1	2	3	4	5	6	7
CB1	我经常利用一些时间与其他社区成员分享我的知识、经验和见解	1	2	3	4	5	6	7
CB2	我经常参与知识分享的活动，与其他社区成员分享我的知识、经验和见解	1	2	3	4	5	6	7
CB3	当进入该社区，我总是积极地参与知识分享的活动，与其他社区成员分享我的知识、经验和见解	1	2	3	4	5	6	7